# David Strauss, o Confessor
# e o Escritor

**Friedrich Wilhelm Nietzsche** nasceu em 15 de outubro de 1844 em Röcken, localidade próxima a Leipzig. Karl Ludwig, seu pai, pessoa culta e delicada, e seus dois avós eram pastores protestantes; o próprio Nietzsche pensou em seguir a mesma carreira. Por causa da morte do pai e do irmão em 1849, a mãe mudou-se com a família para Naumburg, pequena cidade às margens do Saale, onde Nietzsche cresceu, em companhia da mãe, de duas tias e da avó. Em 1858 obteve uma bolsa de estudos, ingressando no Colégio Real de Pforta, local onde haviam estudado o poeta Novalis e o filósofo Fichte. Nietzsche morreu em Weimar em 25 de agosto de 1900. Entre suas obras, encontram-se: *Humano, demasiado humano, Assim falou Zaratustra, A gaia ciência, Para além do bem e do mal.* Por esta editora, foram publicadas *Sabedoria para depois de amanhã, Introdução à tragédia de Sófocles, Schopenhauer como educador* e *Introdução ao estudo dos diálogos de Platão.*

# Friedrich Nietzsche

# David Strauss, o Confessor e o Escritor
Considerações extemporâneas I

Tradução, apresentação e notas
ANTONIO EDMILSON PASCHOAL

Revisão da tradução
ERNANI CHAVES
ANDRÉ MUNIZ GARCIA

SÃO PAULO 2020

*Esta obra foi publicada originalmente em alemão com o título*
*UNZEITGEMÄSSE BETRACHTUNGEN I:*
*DAVID STRAUSS DER BEKENNER UND DER SCHRIFTSTELLER*
*Copyright © 2020, Editora WMF Martins Fontes Ltda.,*
*São Paulo, para a presente edição.*

**1ª edição** *2020*

**Tradução, apresentação e notas**
ANTONIO EDMILSON PASCHOAL

**Acompanhamento editorial**
*Fernanda Alvares*
**Revisões**
*Fernanda Alvares*
*Marisa Rosa Teixeira*
**Produção gráfica**
*Geraldo Alves*
**Paginação**
*Renato de Carvalho Carbone*

**Dados Internacionais de Catalogação na Publicação (CIP)**
**(Câmara Brasileira do Livro, SP, Brasil)**

Nietzsche, Friedrich, 1844-1900.
    David Strauss, o confessor e o escritor : considerações ex-
temporâneas I / Friedrich Nietzsche ; tradução, apresentação e notas Antonio Edmilson Paschoal ; revisão da tradução
Ernani Chaves, André Muniz Garcia. – São Paulo : Editora
WMF Martins Fontes, 2020.

    Título original: Unzeitgemässe Betrachtungen I : David
Strauss der Bekenner und der Schriftsteller.
    Bibliografia.
    ISBN 978-85-469-0275-0

    1. Schopenhauer, Arthur, 1788-1860 2. Strauss, David
Friedrich, 1808-1874 3. Wagner, Richard, 1813-1883 I. Pas-
choal, Antonio Edmilson. II. Chaves, Ernani. III. Garcia,
André Muniz. IV. Título.

19-28322                                          CDD-193

**Índices para catálogo sistemático:**
Filosofia alemã    193

Cibele Maria Dias – Bibliotecária – CRB-8/9427

*Todos os direitos desta edição reservados à*
**Editora WMF Martins Fontes Ltda.**
*Rua Prof. Laerte Ramos de Carvalho, 133  01325.030 São Paulo SP  Brasil*
*Tel. (11) 3293.8150  e-mail: info@wmfmartinsfontes.com.br*
*http://www.wmfmartinsfontes.com.br*

APRESENTAÇÃO

A elaboração do pequeno livro intitulado *David Strauss, o confessor e o escritor*[1] – abrindo a série de quatro *Considerações extemporâneas*[2] – foi anunciada pela primeira vez por Nietzsche em uma carta de 18 de

---

1. Optamos por traduzir *Bekenner* por *confessor* e não por *devoto*, como se tem em algumas referências à primeira extemporânea de Nietzsche na língua portuguesa. Tal opção se deve, em parte, ao significado preciso do verbo *bekennen*, que, partindo do radical *kennen* (conhecer), conduz à ideia de "dar a conhecer algo", declarar, sendo traduzido por confessar, professar publicamente uma fé e, em parte, pela intenção deliberada de Nietzsche de ressaltar aquilo que é uma característica central do livro de Strauss criticado por ele e que apresenta no seu subtítulo a expressão "*uma confissão*".

2. A expressão alemã "*Unzeitgemässen Betrachtungen*", traduzida aqui por *Considerações extemporâneas*, é formada pelos radicais *Zeit*, tempo, *Mäss*, medida, e pelo prefixo *Un*, de negação, além do complemento *ge*, numa composição que remete à ideia de algo que se encontra fora da medida do tempo, portanto não atual, anacrônico, extemporâneo, talvez prematuro ou intempestivo, produzido numa ocasião imprópria. Em francês e em italiano, o termo é traduzido corriqueiramente por "inaturais", ressaltando a ideia de algo que é estranho a determinado ambiente.

VI                                    *FRIEDRICH NIETZSCHE*

abril de 1873, endereçada a Richard Wagner[3]. Na carta, Nietzsche faz menção ao término da leitura do livro de Strauss *A velha e a nova fé – uma confissão* e à preparação de seu manuscrito contra o teólogo de Tübingen[4]. O objetivo do autor, como vai afirmar mais tarde em *Ecce homo*, era colocar em prática uma máxima de Stendhal, segundo a qual a melhor forma de se ingressar em uma sociedade seria por meio de um duelo[5]. Um propósito que contrasta com o seu estado de saúde naquela época, quando as fortes dores na cabeça e nos olhos, que levaram seu médico a proibi-lo de realizar qualquer leitura ou escrita sob pena de chegar à completa atrofia da visão, dificultavam a realização de suas tarefas como professor na Universidade da Basileia, na Suíça, bem como a elaboração de um novo manuscrito. O que o obrigou a pedir ajuda a Carl von Gersdorff, amigo de longa data que, atendendo a uma solicitação de Nietzsche, regressou da Itália e desempenhou para

---

3. A correspondência de Nietzsche mencionada nesta introdução está disponível em: Nietzsche, F. *Sämtliche Briefe*. Berlim: W. de Gruyter, 1986, v. 4: maio 1872-dez. 1874.

4. O teólogo alemão David Friedrich Strauss nasceu em 27 de janeiro de 1808 em Ludwigsburg e faleceu em 8 de fevereiro de 1874 na mesma cidade. Foi aluno de Hegel e professor de teologia em Tübingen a partir de 1828. Sua fama foi angariada especialmente com sua primeira obra, *A vida de Jesus criticamente examinada* (1835-1836), na qual lança mão da investigação histórica para desmistificar a figura de Jesus. Como consequência da repercussão dessa obra, Strauss perde sua cadeira na universidade. Por sua vez, a obra *A velha e a nova fé*, de 1872, pode ser tomada como a consolidação do afastamento de Strauss dos círculos teológicos e sua adesão a um materialismo mecanicista.

5. Cf. Nietzsche, F. *Ecce homo* (As extemporâneas, § 2). Trad. de Paulo César de Souza. São Paulo: Companhia das Letras, 1995.

*DAVID STRAUSS, O CONFESSOR E O ESCRITOR* VII

ele as funções de leitor e secretário. Assim, literalmente, é Gersdorff quem redige o manuscrito ditado por Nietzsche[6], cujo envio para o editor ocorre em 25 de julho de 1873 e vem a público no dia 8 de agosto do mesmo ano.

A motivação que levou Nietzsche a elaborar o manuscrito contra Strauss é revelada na mesma carta de 18 de abril a Wagner. Segundo ele, trata-se da impressão que a "estupidez das ideias" e o "modo ordinário" do livro de Strauss teriam causado nele. Uma análise da motivação que teria levado ao ataque de Nietzsche a Strauss deve considerar, no entanto, outros dois aspectos: primeiro, que a mencionada carta foi escrita após uma visita de dois dias de Nietzsche a Wagner, oportunidade em que provavelmente Strauss e seu novo livro foram temas de conversas entre ambos; segundo, que na carta Nietzsche imprime um tom de discípulo devotado, notadamente quando registra seu propósito de se colocar a serviço de Wagner, o que, segundo ele, poderia fazer com a finalização do manuscrito. Assim, é possível levantar a hipótese de que o jovem filólogo teria dirigido seu ataque a Strauss por solicitação direta de Wagner. Tal como propõe Curt Paul

---

6. O caráter "ondulatório" observado no estilo do livro – notado facilmente em sua leitura – está certamente relacionado ao fato de ter sido ditado e não escrito por Nietzsche. Sabe-se que o filósofo havia acalentado a ideia de não se apresentar como o autor da obra, mas levá-la a público como uma coletânea de cartas escritas a D. Strauss por um "estrangeiro" e traduzidas do italiano por Gersdorff, o que é recusado por seu amigo, como se pode verificar em uma carta enviada a Nietzsche em 10 de maio de 1873.

VIII                                    *FRIEDRICH NIETZSCHE*

Janz[7], ao afirmar que Nietzsche teria atacado um inimigo declarado de Wagner – com quem o músico tivera uma disputa pública, em 1868, em Munique – a pedido do próprio compositor. Essa mesma tese é apresentada por Charles Andler, para quem o objetivo do "panfleto" de Nietzsche, atendendo à "palavra de ordem de Wagner", é "desmoralizar um grupo rival pelo defeito escandaloso de seu chefe"[8].

Tal hipótese, no entanto, embora circule entre intérpretes do filósofo, carece de comprovação, pois não existem registros das conversas travadas entre ele e Wagner naquela visita. O que se tem são suposições que não podem ser comprovadas nem pelas passagens da referida carta nem pelo tom provocador de Nietzsche. Assim, parece mais sensata a posição assumida por Sanchez Pascual[9] sobre o tema. Para Pascual, seria inverossímil que Wagner tivesse tal ingerência sobre os trabalhos de Nietzsche, especialmente em assuntos literários, e mais ainda num momento em que o filósofo já estaria se afastando de Wagner e de seus empreendimentos.

---

7. Janz, C. P. *Friedrich Nietzsche Biographie*, I. 2. ed. Munique/Viena: Hanser, 1993, pp. 533-6.

8. Andler, C. *Nietzsche, sa vie et sa pensée*, I. Paris: Gallimard, 1958, p. 504.

9. Pascual, A. S. "Introducción". In: Nietzsche, Friedrich. *Consideraciones intempestivas*, I. Madri: Alianza Editorial, 2000, pp. 17-8. Fabrizio Desideri, autor da introdução à edição italiana da *primeira extemporânea*, acompanha o mesmo posicionamento de Pascual, admitindo, no entanto, como óbvia a influência sobre Nietzsche do círculo no qual estava inserido, o que não poderia ser tomado, no entanto, como um fator capaz de justificar a origem da *Extemporânea*. Confira-se: Desideri, Fabrizio. "Introduzioni". In: Nietzsche, F. *Considerazioni inattuali*. Trad. de Mirella Ulivieri. Roma: Newton & Compton, 1997, p. 22.

Migrando dos fatos que podem ser comprovados e que de fato é o único material a ser considerado na análise dos motivos que levaram Nietzsche ao seu ataque a Strauss e ao tom de disputa que marca a sua primeira extemporânea, teríamos outras motivações circunstanciais que também circulam entre os leitores da obra. Um exemplo para motivações circunstanciais, que também não consideramos séria, é aquele segundo o qual Nietzsche teria empreendido tal polêmica com o teólogo de Tübingen em função de uma suposta crise de ciúmes causada pelo sucesso do livro de Strauss, já na quarta edição quando o filósofo escrevia seu manuscrito, ao passo que seu livro *O nascimento da tragédia*, além de não encontrar público tão receptivo, era alvo de duras críticas, como a de Wilamowitz-Möllendorf, que publicara um panfleto criticando-o e conclamando-o a deixar a cátedra de filologia clássica da Universidade da Basileia. Tais explicações, no entanto, além da superficialidade dos argumentos e de reduzirem a análise de uma obra filosófica a motivações circunstanciais, desconhecem que o tom pessoal, polêmico e muitas vezes agressivo faz parte de um estilo inaugurado por Nietzsche com sua primeira extemporânea e não abandonado por ele até seus últimos escritos, não pode ser confundido com uma resposta a situações tão triviais.

De fato, a leitura da obra deixa claro que o motivo preponderante para o ataque de Nietzsche a Strauss é a associação feita entre o autor de *A velha e a nova fé* e o "filisteísmo da cultura", uma fórmula que Nietzsche utiliza para traduzir a correlação identificada por ele entre o espírito/cultura dominante de sua época e o império inaugurado por Bismark. Uma espécie de otimismo da razão que retiraria do materialismo mecanicista o que de pior ele poderia produzir e que se traduziria, nas palavras do filósofo, numa "cultura de jornaleiros".

"A palavra filisteu", como explica Nietzsche, é tomada "da vida estudantil e utilizada em seu sentido mais amplo, isto é, mais popular, em contraposição aos filhos das musas, aos artistas, aos autênticos homens da cultura." Com o agravante de que, no caso do filisteu da cultura, ele "presume ser o próprio filho das musas e homem de cultura"[10]. Segundo Charles Andler, "nos meios universitários, depois do século XVIII, denomina-se 'filisteu' o burguês submetido às leis, devotado aos afazeres, e que não consente para si a agradável liberdade de estudante"[11]. Por sua vez, Volker Gerhardt define "o caricaturizado filisteu da cultura" como "um homem que acredita na ciência, no contínuo progresso da sociedade e na bondade do ser humano, um homem que renega a trágica contradição no ser dos indivíduos – se em todo caso ele a conhece – e não se coloca a questão pelo sentido de sua vida"[12].

Uma pessoa de pouca cultura, cujos interesses são ligados apenas às coisas tangíveis, materiais, vulgares e convencionais. Esse é o filisteu da cultura. Um tipo de homem sem grande inteligência artística ou intelectual, mas que se proclama culto e que toma para seu deleite

---

10. Nietzsche, F. *David Strauss, o confessor e o escritor*, § 2.
11. Andler, C. *Nietzsche, sa vie et sa pensée*, op. cit., p. 501.
12. Gerhardt, V. *Friedrich Nietzsche*. Munique: Beck, 1995, p. 39.

DAVID STRAUSS, O CONFESSOR E O ESCRITOR

as obras dos autores clássicos, como se elas tivessem sido feitas para ele, da mesma forma como lança mão dos avanços da ciência e das conquistas da guerra, como se tudo o que foi produzido pela natureza e pela humanidade, até então, tivesse a ele e ao seu bem-estar por finalidade.

David Friedrich Strauss, um típico representante dessa cultura de filisteus, segundo Nietzsche, é um teólogo da escola de Tübingen, um livre-pensador de raízes hegelianas, que se apresenta como um "otimista" diante da vitória da Alemanha na guerra franco-prussiana de 1870-1 e da criação do Império Alemão, em 18 de janeiro de 1871, por Otto von Bismark. Seu otimismo se apoia na crença em uma racionalidade de tudo acontecer, tanto no universo físico (uma grande engrenagem na qual tudo se move determinado por leis naturais) quanto na sociedade humana (regida por leis que são benéficas ao homem da mesma forma que o progresso das ciências e as realizações técnicas e culturais). Um mundo racional que iria se descortinando diante dos homens e tornando-os felizes. "Assim nós vivemos, assim nós caminhamos agraciados pela vida"[13], afirma ele em seu livro de 1872, *A velha e a nova fé*, o qual, apesar das inúmeras críticas recebidas tanto de teólogos quanto de cientistas e filósofos, torna Strauss "o homem do momento"[14] da Alemanha naquele cenário.

---

13. Strauss, D. *Der alte und der neue Gleube*. 7. ed. Bonn: Verlag von E. Strauss, 1874, pp. 299-300. Citado por Nietzsche, adiante, no § 4.

14. Pascual, A. S. "Introducción". In: Nietzsche, F. *Consideraciones intempestivas*, I, op. cit., p. 14.

XII                                    *FRIEDRICH NIETZSCHE*

Segundo Nietzsche, esse "último Strauss" não corresponderia àquele "outro" que publicou, em 1835-6, a obra *A vida de Jesus*. Uma dura crítica às bases históricas e dogmáticas do cristianismo. Sobre aquele primeiro Strauss, que conhecera na juventude por meio da leitura, em 1864, da versão popular de *A vida de Jesus*, ele afirma: "houve em outro tempo um Strauss que era um douto bravo, rigoroso e nada malvestido [...] uma natureza de douto e crítico que, no fundo, era robusta e profundamente engajada, *a saber, o autêntico gênio strausseano*". O que não poderia dizer, em hipótese alguma, sobre aquela "outra pessoa" que, na década de 1870, se "tornou famoso na opinião pública como David Strauss"[15].

De fato, no seu livro de 1872, Strauss não deixa de lado a crítica ao cristianismo (velha fé), marcante em seus primeiros escritos. Contudo, em oposição à velha, ele passa a apresentar uma nova fé (um materialismo próximo de um panteísmo naturalista) em favor da qual faz uma profissão pública, fato que chama particularmente a atenção de Nietzsche.

Vale notar, porém, que o interesse de Nietzsche não é propriamente pelo valor teológico ou filosófico da obra de Strauss, nem por seu posicionamento em relação ao cristianismo, duramente atacado pela guerra cultural (*Kulturkampf*) de Bismark. A rigor, para Nietzsche não interessa nenhuma fé, seja antiga ou nova, que pretenda dar uma explicação teleológica ou supostamente racional para o mundo. Ele dirige sua atenção

---

15. Nietzsche, F. *David Srauss, o confessor e o escritor*, § 10.

*DAVID STRAUSS, O CONFESSOR E O ESCRITOR* XIII

para Strauss por considerá-lo um expoente de uma cultura decadente, "sem sentido, sem substância, sem meta: uma mera 'opinião pública'", e do mal-entendido que significa "acreditar que o grande êxito alemão com as armas demonstre algo a favor dessa cultura"[16]. Em resumo, por considerá-lo um típico representante das "ideias modernas", do "livre-pensador alemão, [...] o protótipo do alemão filisteu da cultura e *satisfait*"[17].

Ao afirmar "a uma nação vitoriosa [...] que sua vitória não era um acontecimento cultural"[18] e ao polemizar com um dos mais apreciados representantes das "ideias modernas", Nietzsche pretende apontar a decadência da cultura alemã e a produção do que denomina como uma "culturreia alemã", caracterizada por um otimismo ufanista e por uma perda da noção geral de cultura, o que se expressa, segundo ele, no "abastardamento da língua alemã"[19] e na "extirpação do espírito alemão em favor do 'império alemão'"[20]. Tal decadência ocorre em uma sociedade burguesa utilitarista que tem como meta, acima de tudo, o lucro, e é marcada pela ideia de progresso e por um materialismo mecanicista que retira o encantamento do mundo, concebendo, por exemplo, os homens como peças de uma grande engrenagem e a alma apenas como uma função do cérebro.

Como se pode observar pela leitura do livro de Strauss, a arte não é excluída desse mundo "desencan-

---

16. Id., *Ecce homo*, op. cit., As extemporâneas, § 1.
17. Id., ibid., As extemporâneas, § 2.
18. Id., ibid., As extemporâneas, § 2.
19. Id., ibid., As extemporâneas, § 2.
20. Id., *David Srauss, o confessor e o escritor*, § 1.

XIV                                    *FRIEDRICH NIETZSCHE*

tado". Porém, assim como ocorre com as outras manifestações culturais, também ela é atingida pela ideia geral de utilidade, perdendo sua grandeza, sendo reduzida à condição de "instrumento de diversão das massas, [de] prazer e de luxo dos ricos"[21], e passando a atender à ideia geral de eficácia. Busca-se apenas o efeito. E o efeito que se espera da arte é o de "um óleo suavizante", um facilitador para o funcionamento da grande engrenagem que é o mundo ou o efeito de um "bombom"[22] suculento para ser apreciado, e nada excessivamente fantástico que poderia levar o homem para além das alegrias banais. Seu papel é secundário e distante de qualquer pretensão, talvez, de apontar o significado da existência do homem. Por seu turno, nesse contexto, o artista terá por preocupação, acima de tudo, o efeito de seu trabalho sobre o público, e seu trabalho se limitará à "imitação da realidade, levada a cabo em idílios ou suaves sátiras humorísticas, ou na realização de cópias livres das obras mais reconhecidas e famosas dos clássicos mesmo que seja com vergonhosas concessões ao gosto próprio da época"[23].

Mesmo quando tem diante dos olhos todo desatino, morte e sofrimento que há no mundo, Strauss se mantém superficial e incapaz de colocar em questão a lógica inabalável que vê na natureza. Da mesma forma, tendo em vista o darwinismo, do qual toma o ateísmo (o macaco no lugar de Deus) e a lógica invisível

---

21. Safranski, R. *Nietzsche: biografia de uma tragédia*. São Paulo: Geração Editorial, 2001, p. 80.

22. Nietzsche, F. *David Srauss, o confessor e o escritor*, § 5.

23. Id., ibid., § 2.

*DAVID STRAUSS, O CONFESSOR E O ESCRITOR* XV

chamada evolução, ele não se permite, por exemplo, correr o risco de falar em uma moral a partir da premissa da seleção natural ou mesmo confrontar o conceito moral de "bondade" com o princípio da guerra de todos contra todos. Longe disso, quando trata do tema da moral[24], abandona as premissas naturalistas e se limita a conclamar os homens a viverem como homens e não mais conforme a natureza, como vivem os animais.

Em contraposição a esse modo desencantado de explicitar o mundo, próprio das ideias modernas, e representado de forma exemplar por Strauss, Nietzsche postula uma renovação da cultura alemã que toma por pressupostos alguns aspectos da filosofia de Schopenhauer, de alguns elementos da cultura grega antiga e da música de Wagner. De forma breve, diante da banalização do sublime operada pelas ideias modernas, propõe a arte como a representação da tensão que caracteriza a existência, da força mítica da vida, expressada por meio da figura de Dionísio em *O nascimento da tragédia*. Esta primeira *Consideração extemporânea* é, portanto, uma declaração de guerra que tem lugar em um cenário no qual se encontram, por um lado, uma arte/filosofia trágica e, por outro, uma banalização da "cultura", em cujo epicentro encontramos David Strauss como um dos seus representantes mais ruidosos e populares, a quem é feita aquela declaração.

Disposto a ingressar na sociedade por meio de um duelo, portanto, Nietzsche quer mostrar que não é

---

24. Cf., por exemplo, o capítulo "Como nós organizamos nossa vida?" de *A velha e a nova fé* de Strauss. Nietzsche analisa essa questão, adiante, no capítulo 7.

XVI      *FRIEDRICH NIETZSCHE*

"nenhum 'João Sonhador'" e que possui um punho "perigosamente destro"[25]. Sua arte de fazer guerra não equivale, no entanto, a uma selvageria desmedida, ao contrário, é permeada por regras, como afirma, em 1888, quando a descreve a partir de quatro princípios. "Primeiro: ataco somente causas vitoriosas – ocasionalmente, espero até que sejam vitoriosas. Segundo: ataco somente causas em que não encontraria aliados, em que estou só – em que me comprometo sozinho [...]. Terceiro: nunca ataco pessoas – sirvo-me de uma pessoa como uma forte lente de aumento com que se pode tornar visível um estado de miséria geral porém dissimulado, pouco palpável [...]. Quarto: ataco somente coisas de que está excluída qualquer diferença pessoal, em que não existe pano de fundo de experiências ruins"[26].

Ao certo, tendo no horizonte esses princípios e considerando o ataque de Nietzsche a Strauss, algumas observações podem ser feitas. Em relação ao primeiro princípio, deve-se notar que a causa vitoriosa não era propriamente o livro de Strauss, duramente criticado por seus contemporâneos, embora já estivesse na sexta edição quando Nietzsche lança seu manuscrito, em agosto de 1873. Do mesmo modo, a causa vitoriosa não é a nova fé proposta por Strauss, uma vez que na Alemanha do final do século XIX o cristianismo (velha fé) continua predominando. Mais do que isso, portanto, trata-se do significado que Nietzsche havia atribuí-

---

25. Nietzsche, F. *Ecce homo*, op. cit., As extemporâneas, § 1.
26. Id., ibid., Por que sou tão sábio, § 7.

*DAVID STRAUSS, O CONFESSOR E O ESCRITOR* XVII

do ao livro de Strauss, o modo como ele expressava o filisteísmo cultural e a degeneração de uma cultura submetida ao utilitarismo burguês. Em relação ao segundo princípio, embora tenha lançado um ataque solitário, e embora não possa ser dito que Nietzsche teria escrito a extemporânea a pedido de Wagner, o fato é que, com o livro, ele se posicionou a favor do empreendimento de Bayreuth[27], o que permite afirmar que a sua causa não seria propriamente desprovida de aliados, antes, teria vários, sendo o primeiro deles o próprio Richard Wagner. Sobre o terceiro princípio, o de não atacar pessoas, de fato, como afirma no mesmo texto citado de *Ecce homo*, seu adversário é a cultura alemã de sua época: "assim ataquei David Strauss, ou mais precisamente o sucesso de um livro senil junto à 'cultura' alemã – apanhei essa cultura em flagrante..."[28]. A despeito dessas observações, no entanto, com ênfase à ideia de que ele não estaria atacando uma pessoa em particular, o fato é que Nietzsche manifestará um sentimento de culpa quando, pouco tempo depois de seu livro, tem-se o falecimento de David Strauss. Embora, ao que tudo indique, tal preocupação não seja procedente, pois Strauss, falecido em 1874, certamente não chegara a tomar conhecimento do ataque de Nietzsche.

---

27. Richard Wagner viveu em Bayreuth entre 1872 e 1883. Nessa cidade do norte da Baviera, com o apoio financeiro de Ludwig II e sob a supervisão do compositor, é construída uma casa de ópera destinada especialmente à execução das óperas de Wagner, o que passa a ocorrer durante um mês inteiro de cada verão, com grande gala e pompa, num evento que ficou conhecido como o Festival de Bayreuth.

28. Nietzsche, F. *Ecce homo*, op. cit., Por que sou tão sábio, § 7.

XVIII                                    *FRIEDRICH NIETZSCHE*

Uma atenção especial deve ser dada, ainda, ao quarto princípio, que associa a disputa à nobreza exigida dos contendores. Nesses termos, ele acrescenta ao que citamos anteriormente: "atacar é em mim prova de benevolência, ocasionalmente de gratidão" e também: "eu honro, eu distingo, ao ligar meu nome ao de uma causa, uma pessoa: a favor ou contra – não faz diferença para mim". Nesses termos, pode-se inferir que Nietzsche não disputaria com Strauss, nem o tomaria como modelo de uma cultura se o desprezasse de fato ou se não identificasse nele alguma equivalência de poder. Uma ideia de reconhecimento que se traduz no fato de que a própria crítica teve por pressuposto uma leitura indiscutivelmente cuidadosa do livro de Strauss, citado mais de cem vezes por Nietzsche em sua *extemporânea*.

Um último ponto que poderia ser esperado, tendo em vista tanto os princípios elencados pelo filósofo quanto o fato de que ele não se move no universo filosófico por questões circunstanciais, que a dureza tivesse como correlato a imparcialidade do filósofo. Como se ele fosse movido pelo "impulso do conhecimento" e quisesse mostrar acertos onde Strauss cometera erros. No entanto, como os leitores poderão notar, longe de ser um texto composto de afirmações tácitas, supostamente desenvolvidas a partir de uma lógica inabalável que colocaria seu autor acima do jogo em que "verdades" são produzidas, esta *extemporânea* é um exemplo privilegiado de um modo de fazer filosofia que é interno àqueles jogos, que se produz na medida em que se toma uma posição nele. O que não apenas revela de forma acintosa a parcialidade inerente ao próprio texto, como permite uma leitura menos grosseira dele, fazendo vir à tona a convicção que faz Nietzsche escrever de tal forma, de que todo conhecimento e toda afirmação se fazem a partir de certas circunstâncias específicas, tendo em vista certas condições de vida, expectativas, necessidades e propósitos que não podem ser dissociados de um autor que não é nem poderia ser algum tipo de sujeito puro do conhecimento.

ANTONIO EDMILSON PASCHOAL
*Curitiba, março de 2019*

# DAVID STRAUSS, O CONFESSOR E O ESCRITOR

Considerações extemporâneas I

# 1

A opinião pública na Alemanha parece quase proibir que se fale das graves e perigosas consequências da guerra, especialmente de uma guerra que terminou vitoriosa[1]. Tanto mais, ao contrário, os escritores aderem àqueles que não conhecem nenhuma opinião mais importante que a pública e que, por conseguinte, se põem a competir entre si para exaltar a guerra e se ocupar com júbilo de seus efeitos sobre a moralidade, a cultura e a arte. Apesar disso, deve-se dizer: uma grande vitória é um grande perigo. A natureza humana suporta com mais dificuldade uma vitória do que uma derrota; parece mesmo mais fácil conquistar tal vitória do que suportá-la sem que disso resulte uma derrota muito

---

1. Tradução feita a partir da *Kritische Studienausgabe* (KSA). Org. de Giorgio Colli e Mazzino Montinari, v. I, pp. 157-242. As notas são dos tradutores.

4 *FRIEDRICH NIETZSCHE*

mais grave. Mas, de todas as consequências ruins que a última guerra travada contra a França[2] trouxe consigo, a pior é, talvez, um erro muito frequente e muito comum: o erro da opinião pública e de todo aquele que a produz, a saber, que também a cultura alemã teria sido vitoriosa nessa guerra e que, por conseguinte, deveria ser coroada agora como seria o caso de acontecimentos e êxitos extraordinários. Essa ilusão é altamente perniciosa: e não porque ela seja uma ilusão – pois existem os erros que são muito salutares e benéficos[3] – porém, porque ela está a ponto de transformar nossa vitória em uma derrota completa: *na derrota, ou seja, na extirpação do espírito alemão em favor do "Império alemão".*

Todavia, mesmo admitindo-se que duas culturas tenham combatido uma contra a outra, a medida para julgar o valor da vencedora é sempre muito relativa e, sob certas circunstâncias, não dá o direito, de modo algum, a um júbilo triunfalista ou a uma autoglorificação. Visto que seria necessário saber que valor teria a cultura subjugada: talvez muito pouco e, nesse caso, também a vitória, mesmo com o mais pomposo êxito bélico, não traria consigo convite para que a cultura vencedora se entregasse ao triunfalismo. Em contrapartida, em nosso caso, simplesmente não se pode falar de

---

2. Guerra Franco-Prussiana desenrolada entre 1870 e 1871.

3. Os termos *"heilsam"* e *"segensreichen"*, que traduzimos por "salutar" e "benéfico", possuem, na cultura alemã, um enraizamento na tradição religiosa: "salvação" (*Heil*), "santo" (*heilig*), "bênção" (*Segen*) e "abençoado" (*segensreich*). A utilização desses termos por Nietzsche, nesta breve passagem separada do texto por travessões e que toca no problema da verdade, sinaliza para sua contraposição com aquela tradição que diviniza a verdade e condena o erro.

uma vitória da cultura alemã, por um motivo muito simples; porque a cultura francesa subsiste como antes e nós continuamos dependentes dela como antes. A cultura alemã nem sequer contribuiu com a vitória bélica. Rigorosa disciplina militar, natural valentia e tenacidade, superioridade de comando, unidade e obediência entre os comandados, fatores que nada têm a ver com cultura, foram os responsáveis pela nossa vitória sobre os adversários, que não apresentaram os mais importantes desses elementos. O que é de se admirar, no caso, é apenas uma coisa, que aquilo que atualmente na Alemanha se denomina "cultura" tenha se colocado de modo tão pouco inibido, em meio a essas exigências militares para uma grande vitória, e que tenha procedido assim talvez apenas porque essa cultura considerou mais vantajoso para si, desta vez, mostrar-se serviçal. Deixemo-la, contudo, crescer e se proliferar, mimando-a com a lisonjeira ilusão de que teria sido vitoriosa, então ela terá a força, como eu disse, para extirpar o espírito alemão – e quem sabe, nesse sentido, se algo poderia ser feito com o que restou do corpo alemão!

Se fosse possível evocar aquela serena e resistente valentia, com que o alemão se colocara frente à patética e súbita impetuosidade dos franceses, contra o inimigo interno, contra aquela "educação aos moldes tradicionais"[4] altamente ambígua e em todo caso nada nacional

---

4. Do radical *"bilden"*, *"Bildung"* (formar, educar, instruir, ou forma, formação, educação, instrução), *"gebildet"*, o termo *"Gebildetheit"* pode significar "cultura", no sentido de educação, instrução, formação intelectual. Observando que Nietzsche utiliza o termo *"Gebildtheit"* aqui de forma pejorativa, optamos por traduzi-lo por "educação", acrescentando tratar-se da "educação conforme aos costumes tradicionais".

que agora na Alemanha, com perigosos mal-entendidos, é chamada de cultura: então, não estaria perdida toda esperança em uma autêntica e efetiva formação alemã, que é o contrário daquela educação, pois nunca faltaram aos alemães dirigentes e generais muito inteligentes e audazes – somente que, para com eles, teriam falhado muitas vezes os alemães. Porém, me parece sempre duvidoso e, após a guerra, a cada dia mais improvável que seja possível dar à valentia alemã uma nova direção; pois eu vejo que todo mundo está convencido de que tal luta e valentia não são mais necessárias e, mais ainda, de que a maior parte das coisas já está ordenada da melhor forma possível e, ainda, sem dúvida, tudo o que é necessário já teria sido há muito encontrado e realizado, em suma, que as melhores sementes da cultura já teriam sido semeadas por todos os lados, uma parte delas formando um campo verdejante e algumas, aqui e ali, já estariam florescendo com abundância. Nesse campo não se tem apenas satisfação; nele se tem felicidade e delírio. Eu sinto esse delírio e essa felicidade no comportamento incomparavelmente confiante dos escritores de jornais e dos fabricantes de romances, tragédias, canções e histórias: pois eles constituem de forma evidente uma associação compacta que parece conspirar para apoderar-se das horas de ócio e de digestão do homem moderno, ou seja, dos seus "momentos de cultura" e atordoá-lo nesses momentos com papéis impressos. Para essa associação, agora, depois da guerra, tudo é felicidade, dignidade e presunção: ela se sente, após tal "êxito da cultura alemã", não apenas ratificada e sancionada, mas quase

*DAVID STRAUSS, O CONFESSOR E O ESCRITOR* 7

sacrossanta. Por conseguinte, tagarela em tom solene, ama fazer discursos ao povo alemão, edita suas obras completas ao modo dos clássicos e de fato proclama, nos periódicos que estão a seu serviço no mundo todo, que alguns dos seus membros são os novos clássicos alemães e escritores modelo. Talvez fosse o caso de se esperar que uma parte mais sensata e mais bem instruída dos alemães mais cultos reconhecesse o perigo de tal *uso abusivo do êxito*, ou ao menos que percebesse o aspecto penoso do espetáculo que é representado à sua frente: pois o que pode ser mais penoso de se ver do que um ser deformado que se pavoneia, como um galo que fica diante do espelho trocando olhares admirados com a sua imagem. Mas as camadas cultas deixam acontecer com prazer o que está acontecendo, e estão suficientemente ocupadas consigo mesmas para que ainda possam tomar para si a preocupação com o espírito alemão. Além disso, seus membros estão convencidos, com o mais alto grau de segurança, de que sua própria formação seria o fruto mais maduro e belo de seu tempo, de todos os tempos e, por conseguinte, não compreendem de modo algum uma preocupação com a formação alemã em geral, pois eles consideram a si mesmos e ao sem-número de seus pares como estando acima de toda preocupação desse gênero. Para um observador mais atento, no entanto, especialmente se ele é estrangeiro, não passaria despercebido que entre aquilo que agora o alemão letrado chama de sua cultura e aquela cultura triunfalista dos novos clássicos alemães só existe um contraste em relação ao aspecto quantitativo do saber. Em toda parte onde não é

8            *FRIEDRICH NIETZSCHE*

o saber, mas o ser capaz[5], onde não é a informação no-
ticiada mas a habilidade, que são tomados em consideração, enfim, em toda parte onde a vida precisa dar
testemunho de um tipo de cultura, existe agora apenas
*uma* cultura (*Bildung*)[6] alemã – e essa cultura teria vencido a França?

Essa alegação parece completamente inconcebível:
pois é precisamente no saber mais amplo dos oficiais
alemães, na maior instrução (*Belehrtheit*) das tropas
alemãs e na forma mais científica de conduzir a guerra
que se fez reconhecer a vantagem decisiva dos alemães,
sobretudo para os juízes mais imparciais e em definiti-
vo para os próprios franceses. Porém, em que sentido a
formação (*Bildung*) alemã poderia ainda querer ter sido
vencedora se dela fosse retirada a instrução (*Belehrtheit*)
alemã? Em nenhum, pois não têm nada a ver com a
formação (*Bildung*) as qualidades morais da dura disciplina, da silenciosa obediência, que caracterizavam,
por exemplo, os exércitos macedônicos, diante dos quais
os exércitos gregos eram incomparavelmente mais cultos. Falar da vitória da formação (*Bildung*) e da cultura
(*Kultur*) alemãs só pode ser um equívoco, um equívoco
que se segue ao fato de que, na Alemanha, o conceito
puro de cultura (*Kultur*) há muito se perdeu.

---

5. O termo *"Können"*, utilizado por Nietzsche, significa poder fazer no sentido de ter a capacidade para fazer algo.

6. Em Nietzsche, as palavras *"Bildung"* e *"Kultur"* são intercam-
biáveis, sendo, no geral, a primeira utilizada em termos mais amplos da
cultura e a segunda no de formação. Uma diferença que procuramos
manter no texto. Contudo, nessa passagem, Nietzsche se refere claramente
à cultura alemã num sentido amplo, motivo pelo qual traduzimos, aqui,
*"Bildung"* por "cultura".

# DAVID STRAUSS, O CONFESSOR E O ESCRITOR

Cultura (*Kultur*) é, antes de tudo, unidade do estilo artístico em todas as expressões de vida de um povo. Saber muitas coisas e ter muitas qualificações não é, por conseguinte, um meio necessário da cultura, tampouco um sinal dela, e combina muito mais, em caso de necessidade, com o contrário da cultura, com a barbárie, ou seja: com a ausência de estilo ou com a caótica confusão de todos os estilos.

Nessa caótica confusão de todos os estilos vive o homem alemão de nossos dias: e um sério problema permanece, vale dizer, como é possível que ele, com toda sua instrução, não observe isso e se alegre de todo coração com sua "formação" atual. Entretanto, tudo deveria instruí-lo: cada olhar sobre sua vestimenta, sua moradia, sua casa, cada passo pelas ruas de sua cidade, cada visita às lojas dos comerciantes da moda; uma vez que em meio à vida social ele deveria reconhecer a origem de suas maneiras e movimentos, em meio às nossas instituições artísticas, no regozijo com os concertos, teatros, museus, ele deveria ser levado a tornar-se consciente da grotesca mistura e sobreposição de todos os estilos possíveis que ali se encontram. O homem alemão amontoa ao redor de si as formas, cores, produtos e curiosidades de todos os tempos e de todas as regiões e produz com eles aquela moderna feira de cores, à qual seus intelectuais rapidamente passam a considerar e a formular como o "moderno em si"; enquanto ele mesmo permanece sentado tranquilamente nesse tumulto de todos os estilos. Porém, com essa espécie de "cultura", que é apenas uma fleumática falta de sensibilidade para com a cultura, não se pode subjugar nenhum inimigo, muito menos aqueles que, como os

10                                                *FRIEDRICH NIETZSCHE*

franceses, possuem uma cultura verdadeira e produtiva, a qual, independente do valor que tenha, nós continuamos imitando em tudo e, na maioria dos casos, de forma desajeitada.

Mesmo que tivéssemos realmente deixado de imitar os franceses, nem por isso os teríamos vencido, mas apenas nos livrado deles: somente seria permitido falar de um triunfo da cultura alemã se nós tivéssemos também imposto a eles uma cultura alemã original. Entretanto, nós observamos que, tanto agora como antes, dependemos de Paris em todos os assuntos relativos à forma – e temos de depender: pois até agora não existe nenhuma cultura alemã original.

Isso é algo que todos nós deveríamos saber sobre nós mesmos: até porque um dos poucos que teriam o direito de dizê-lo aos alemães em tom de repreensão já o revelou abertamente. Uma vez Goethe disse a Eckermann: "Nós alemães somos do passado. É verdade que há um século temos nos cultivado com muita aplicação, porém talvez seja necessário que se passem ainda alguns séculos antes que venham a penetrar e se tornar usuais nas pessoas de nossa terra uma riqueza de espírito e uma cultura superior a ponto de se poder dizer sobre elas, vão-se longe os tempos em *que eram uns bárbaros*."[7]

## 2

Contudo, se em nossa vida pública e privada não transparece a marca evidente de uma cultura produtiva

---

7. Cf. Goethe, *Conversações com Eckermann*, de 3 de maio de 1827.

DAVID STRAUSS, O CONFESSOR E O ESCRITOR

e plena de estilo, e se, além disso, nossos grandes artistas admitiram e continuam admitindo esse fato monstruoso e profundamente vergonhoso para um povo de talento, e se o fazem com a mais séria ênfase e com a honestidade que é própria à grandeza, então, como é possível que entre a gente culta alemã domine, apesar disso, a maior satisfação: uma satisfação que, desde a última guerra, mostra-se continuamente disposta a prorromper em petulantes gritos de júbilo e a transformar-se em um triunfalismo. Vive-se, em todo caso, na crença de possuir uma cultura digna de respeito: o contraste monstruoso entre essa crença satisfeita e triunfalista e um flagrante defeito é notado em geral apenas por alguns poucos e raríssimos observadores. Pois para todos os que pensam com a opinião pública e que tiveram os olhos vendados e os ouvidos tapados – aquele contraste simplesmente não deveria existir. Como isso é possível? Que força é tão poderosa a ponto de prescrever tal "não poderia existir"? Que espécie de homem tem que chegar ao comando na Alemanha para poder proibir sentimentos tão fortes e simples ou então para impedir sua expressão? Esse poder, essa espécie de homem, eu quero chamar pelo nome – eles são os *filisteus da cultura*[8].

A palavra "filisteu" é conhecidamente tomada da vida estudantil e utilizada no seu sentido mais amplo

---

8. Apesar de estarmos traduzindo preferencialmente o termo *"Bildung"* por *formação* para diferenciá-lo de *cultura* (*Kultur*), neste caso, no entanto, traduzimos *"Bildungsphilister"* por *filisteus da cultura*, seguindo a tradução, já consagrada, de Paulo César de Souza (cf. *Ecce homo*, As extemporâneas, § 2).

e completamente popular, em contraposição aos filhos das musas, aos artistas, aos autênticos homens da cultura. No entanto, os filisteus da cultura – agora se tornou um dever enfadonho estudar esse tipo e escutar suas confissões, quando ele as faz – diferenciam-se da ideia geral da espécie "filisteu" em função de uma crendice: ele presume ser o próprio filho das musas e homem de cultura; uma ilusão inconcebível, da qual se desprende que ele nem sequer sabe o que é um filisteu e o que é seu contrário: motivo pelo qual não devemos nos admirar se ele, na maioria das vezes, nega solenemente ser filisteu. Em função dessa total falta de autoconhecimento, ele se sente firmemente convencido de que a sua "formação" (*Bildung*) seria a expressão mais completa da verdadeira cultura alemã: e como ele se depara em todos os lugares com pessoas cultivadas ao seu tipo, e como todas as instituições públicas, estabelecimentos de ensino, instituições culturais e artísticas estão organizados para sua formação e dispostos para suas necessidades, então ele carrega também consigo para onde vai o sentimento triunfalista de ser o digno representante da cultura alemã atual e, em conformidade com tais convicções, faz suas exigências e reivindicações. Mas, se a verdadeira cultura pressupõe, em todo caso, unidade de estilo, e se nem mesmo uma cultura ruim e degenerada poderia ser pensada sem que suas várias manifestações fossem confluentes para a harmonia de um estilo, então é bem possível que a confusão produzida naquele delírio do filisteu da cultura tenha origem no fato de ele encontrar características semelhantes às suas em toda parte e, em especial, em todo "homem instruído" e, assim, infere da característica homogênea de todas as pessoas cultivadas uma unidade de estilo da formação alemã, numa palavra, que se trate de uma cultura. Em torno de si ele nota necessidades semelhantes e opiniões iguais; por onde quer que ele ande é envolvido imediatamente pelo laço de uma silenciosa convenção sobre muitas coisas, especialmente em assuntos relacionados à religião e à arte: essa imponente homogeneidade, esse *tutti inisono*, sem uma ordenação e, contudo, quase ao mesmo tempo inquebrantável, o seduz para a crença de que ali se faz atuante uma cultura. Porém, não é porque o filisteísmo tornou-se sistemático e foi elevado à condição de dominante, não é porque possui um sistema que ele se torna uma cultura e nem mesmo uma cultura ruim, porém ele é sempre e apenas o seu contrário, uma duradoura e bem fundada barbárie. Pois toda aquela simetria de caráter, que nos salta aos olhos de maneira tão uniforme quando nos aproximamos de cada pessoa instruída da atualidade alemã, torna-se unidade apenas por meio da exclusão e da negação, consciente ou inconsciente, de toda forma artística produtiva e de todas as exigências de um estilo verdadeiro. Uma infeliz deturpação deve ter ocorrido no cérebro do filisteu instruído: ele toma por cultura precisamente aquilo que nega a cultura e, como ele procede de forma consequente, então ele obtém finalmente um grupo compacto de tais negações, um sistema da não cultura que permitiria mesmo conceber certa "unidade de estilo", caso, é claro, houvesse algum sentido em falar de uma barbárie estilizada. Se a ele é dada a possibilidade de decidir livremente entre uma ação conforme um estilo e outra contrária, ele recorre sempre sobre a última, e porque ele o faz sempre todas as suas ações são marcadas por uma matriz negativamente homogênea. Precisamente nessas ações ele reconhece o caráter da "cultura alemã" patenteada por ele: aos que se apresentam em desacordo com esse modo de ser, ele toma como inimigos e opositores. Nesse caso, o filisteu da cultura se limita a depreciar, negar, segregar, tapar os ouvidos, não olhar. Também no seu ódio e em sua hostilidade ele é um ser negativo. A quem ele mais odeia, no entanto, é aquele que o trata como filisteu e lhe diz o que ele é: o entrave para todos os fortes e criativos, o labirinto para todos os perdidos e indecisos, um pântano para todos os esmorecidos, os grilhões para todos os que correm em direção a metas elevadas, a névoa venenosa para todos os brotos frescos, o deserto arenoso e ressecador para o espírito alemão que busca e almeja uma vida nova. Pois ele *busca*, esse espírito alemão!, e vocês o odeiam por isso, porque ele busca, e porque ele não quer acreditar que vocês já teriam encontrado o que ele busca. Como é possível o surgimento de tal tipo, como é o caso do filisteu da cultura, e acontecendo de ele ter surgido, como pôde crescer até assumir o poder de um juiz supremo sobre todos os problemas culturais alemães? Como isso é possível, após ter passado diante de nós uma série de grandes personagens heroicos, os quais em todos os seus movimentos, na expressão plena de seus rostos, na sua voz interrogadora, nos seus olhos flamejantes somente uma coisa revelavam: *que eles eram buscadores*, e que eles buscavam

*DAVID STRAUSS, O CONFESSOR E O ESCRITOR* 15

com fervor e com séria perseverança precisamente o que os filisteus da cultura presumem possuir: a autêntica e original cultura alemã. Existe um terreno, eles pareciam perguntar, o qual é tão puro, tão intacto, provido de tal santidade virginal, que somente nele e em nenhum outro o espírito alemão construiria sua casa? Perguntando assim, eles vagaram através dos desertos e das brenhas de tempos miseráveis e de condições difíceis, e como buscadores eles desapareceram de nossas vistas: de tal modo que um deles, em idade avançada, falando por todos, pôde dizer: "durante meio século eu tenho me deixado amargar longamente e não me concedi repouso algum, ao contrário, me esforcei e investiguei e fiz tanto e tão bem quanto pude"[9].

Mas como nossa cultura filisteia julga esses buscadores? Toma-os simplesmente por aqueles que encontram algo e parecem esquecer que eles próprios se sentiam unicamente como buscadores. Com efeito, dizem eles, nós já temos nossa cultura, pois nós já temos nossos "clássicos", não somente o fundamento está lançado, como também a casa já está erguida sobre ele – nós mesmos somos essa casa. Com isso o filisteu aponta para a própria fronte.

Para ser possível julgar de maneira tão errada nossos clássicos e homenageá-los de forma tão injuriosa, é necessário em absoluto não mais conhecê-los: e é isso o que se passa em geral. Pois, se não fosse por esse

---

9. Cf. Goethe, *Conversações com Eckermann*, de 14 de março de 1830. Essa frase de Goethe se situa num contexto bem preciso: trata-se de sua resposta aos que o acusavam de não ter participado, nem como soldado nem como poeta, da luta contra a invasão napoleônica.

motivo, deveriam saber que existe apenas uma forma de homenageá-los, a saber, que se continue buscando, em seu espírito e com sua coragem, e que não se canse de fazê-lo. O oposto a isso é imputar-lhes a tão ponderada palavra "clássico" e, de tempo em tempo, "edificar-se" com suas obras, ou seja, entregar-se a essas emoções fracas e egoístas, que nossas salas de concerto e de teatro prometem a cada um de seus pagantes, e também erigir estátuas e dar seus nomes a festas e associações – pois todas essas coisas são apenas pagamentos em moeda sonante, mediante os quais o filisteu da cultura confronta-se com eles, o suficiente para não ter que conhecê-los mais que o necessário e, acima de tudo, para não ser obrigado a segui-los ou continuar procurando. Pois: não é mais permitido procurar; esse é o lema do filisteu.

Esse lema teve certo sentido outrora: na primeira década desse século, quando na Alemanha começaram algumas buscas, experiências, demolições, promessas, previsões, esperanças, e elas se agitaram de tal modo multiformes e desconcertadas que a classe média de espírito teve razão em recear por si mesma. Com razão, então, recusou-se aquela beberagem oferecida a ela por filosofias extravagantes que desconjuntavam o idioma e por uma consideração exaltada e tendenciosa da história, pelo carnaval de todos os deuses e mitos, que os românticos organizaram, e pelas modas e maluquices poéticas idealizadas em meio à embriaguez, e com razão, pois o filisteu não tem direito sequer a um excesso. Porém, com aquele jeito manhoso, próprio às naturezas mesquinhas, ele aproveitou a

*DAVID STRAUSS, O CONFESSOR E O ESCRITOR* 17

ocasião para colocar sob suspeita o buscar e para exortar ao cômodo encontrar. Seus olhos se abriram para a felicidade própria do filisteu: ele salvou-se de toda aquela experimentação selvagem, refugiando-se no idílico, e ao inquieto impulso criador do artista ele opôs uma comodidade em especial, a comodidade na própria estreiteza, na própria imperturbabilidade, na própria limitação. Sem pudores inúteis ele apontou o dedo para todos os recantos escondidos e secretos de sua vida, para as muitas alegrias comoventes e enternecedoras, as quais cresceram como flores modestas na profundeza mais miserável de uma existência não cultivada e, por assim dizer, no terreno pantanoso da existência filisteia.

Entre os filisteus da cultura foram encontrados alguns talentos que se destacam, os quais, com fino pincel, copiaram a felicidade, o mistério, a vida cotidiana, a saúde campestre e toda satisfação que se propaga sobre os aposentos das crianças, doutos e camponeses. Com tais livros de estampas da realidade nas mãos, esses acomodados procuraram, então, de uma vez por todas, chegar a um entendimento com os clássicos, dos quais se tem certa dúvida, e com as suas exortações para que fosse dada sequência à busca; no intuito de ter tranquilidade, eles inventaram o conceito de idade dos epígonos, o que lhes permite recusar de chofre toda inovação desagradável com o veredicto "obra de epígonos". Com o mesmo objetivo, a saber, de garantirem sua tranquilidade, esses acomodados se apoderaram da história e tentaram transformar em disciplinas históricas todas as ciências, das quais se poderia esperar

18 *FRIEDRICH NIETZSCHE*

ainda algum estorvo à sua comodidade, em especial a filosofia e a filologia clássica. Por meio da consciência histórica eles salvaram-se do entusiasmo – pois a história não produziria mais entusiasmo, no sentido apregoado por Goethe[10]: a finalidade desses não filósofos admiradores do *nil admirari*, neste momento, quando procuram a tudo conceituar historicamente é, precisamente, o embotamento. Enquanto afirmavam odiar o fanatismo e a intolerância em todas as suas formas, no fundo, o que odiavam era o gênio dominador e as tirânicas exigências de uma cultura verdadeira; e por isso utilizavam todas as forças para produzir um efeito paralisante, embotador ou de dissolução, onde quer que se pudesse esperar o crescimento de movimentos frescos e poderosos. Uma filosofia, que escondeu sob floreios encaracolados a confissão filisteia de seu autor, inventou uma fórmula para divinizar a vida cotidiana: falou acerca de uma racionalidade de todo real[11] e com isso cativou a simpatia do filisteu da cultura, o qual também vive sob pequenos floreios encaracolados, acima de tudo, porém, ela concebe unicamente a si mesma como real e trata sua realidade como a medida para a razão no mundo. Agora o filisteu da cultura autoriza a todos e a si mesmo, em certa medi-

---

10. Ao contrário do que pretendem os filisteus da cultura, Goethe afirma, nas suas *Máximas e reflexões*, número 495, que "o melhor que temos da história é o entusiasmo que ela produz".

11. Como se pode notar, tanto por essa afirmação quanto pela referência à história (acima), a crítica de Nietzsche a Hegel já se faz presente nesses primeiros escritos, embora, neste caso, o foco central de sua crítica não seja Hegel, mas a utilização da filosofia de Hegel pelos filisteus da cultura.

*DAVID STRAUSS, O CONFESSOR E O ESCRITOR* 19

da, a refletir, pesquisar, estetizar e acima de tudo poetizar e musicalizar, também fazer quadros, assim como filosofias completas: apenas se deveria, queira Deus, diriam eles, manter tudo entre nós como era antes, apenas não seria permitido, por nenhum preço, abalar o "racional" e o "real", ou seja, o filisteu. É bem verdade que de tempo em tempo ele se entrega com muito gosto à graciosa e tumultuada desordem da arte e de uma historiografia cética e não menospreza as sensações causadas por tais objetos de distração e entretenimento: porém, ele separa rigorosamente do passatempo prazeroso a "seriedade da vida", vale dizer, o emprego, os negócios, bem como mulher e filho; e em um derradeiro lugar fica, sem dúvida, tudo o que diz respeito à cultura. Por isso, ai da arte que comece a tomar a si mesma a sério e apresente exigências que atentem contra o ganha-pão, o negócio e os hábitos do filisteu, ou seja, contra a seriedade filisteia – ele desvia seus olhos de tal arte como se tivesse visto algo obsceno e, com expressão de um guardião da castidade, adverte toda virtude carente de proteção para nem sequer olhá-la.

O filisteu da cultura se mostra muito eloquente em desaconselhar, assim, ele é grato ao artista que o ouve e se deixa dissuadir por ele; a esse artista dá a entender que gostaria de tornar as coisas mais fáceis e menos exigentes para ele e que, como um parceiro de comprovada boa disposição, não exigirá dele de modo algum nenhuma obra-prima, mas apenas duas coisas: ou a imitação da realidade, conduzida até o ridículo, em idílios ou em suaves sátiras humorísticas, ou a realização de cópias livres das obras mais reconhecidas e famosas dos clássicos, mesmo que seja com vergonhosas concessões ao gosto próprio da época. Se ele de fato aprecia apenas a imitação ao modo epigônico ou o retrato fiel do presente em forma de ícone, é porque ele sabe que esse último enaltece a ele mesmo e aumenta a satisfação com o "real", e que a primeira não o prejudica, ao contrário, chega a ser útil para sua reputação de ser um juiz do gosto clássico e, além disso, não exige dele nenhum esforço novo, pois ele mesmo, de uma vez por todas, chegara a um acordo com os clássicos. Por fim, para seus costumes, modo de consideração, recusas e proteções, ele inventa a fórmula "saúde", que possui uma eficácia geral, e que remove qualquer desagradável elemento perturbador que levante sobre ele a suspeita de ser doente e exaltado. Assim falou certa vez David Strauss, um autêntico *satisfeito* com nossa situação cultural e típico filisteu, com seu modo característico de se expressar acerca do "filosofar de Arthur Schopenhauer, que é, em verdade, quase sempre cheio de espírito, porém muitas vezes malsão e infrutífero". É de fato lamentável que "o espírito" tenha o hábito de assentar-se com particular simpatia sobre os "malsãos e infrutíferos", e que o próprio filisteu, nas vezes em que é *honesto* consigo mesmo, tenha a sensação de que, nos filosofemas que seus iguais trazem ao mundo e ao mercado, há algo como um filosofar em muitos aspectos sem espírito, mas que é, em contrapartida, completamente são e frutífero.

De vez em quando, supondo que estejam reunidos, os filisteus se dão ao vinho e a relembrar os grandes acontecimentos da guerra e tornam-se honestos, faladores e ingênuos; então vêm à luz várias coisas que em outras ocasiões seriam temerariamente escondidas e, porventura, algum deles revela os segredos fundamentais da confraria inteira. Um ilustre esteta da escola hegeliana da racionalidade[12] teve tal momento há bem pouco tempo. A ocasião era, sem dúvida, bastante insólita: festejava-se no ruidoso círculo dos filisteus a memória de um verdadeiro e autêntico não filisteu, mais ainda, de um não filisteu que havia sido, no sentido mais exato da palavra, arruinado pelos filisteus: a memória do magnífico Hölderlin, e o conhecido esteta teria, por isso, o direito de falar nessa ocasião sobre as almas trágicas que são arruinadas por causa da "realidade", a palavra "realidade" entendida, é claro, naquele já mencionado sentido de razão-filisteia. Mas a "realidade" se transformou: e diante desse fato cabe a questão se Hölderlin saberia orientar-se de forma correta na grandiosidade do tempo presente. "Eu não sei", diz Fr. Vischer, "se sua terna alma teria sido capaz de suportar a grande quantidade de asperezas que existe em toda guerra, se ela poderia suportar a grande quantidade de corrupção que vemos avançar sobre diferentes campos depois da guerra. Talvez ele tivesse mergulhado novamente na demência. Ele era uma das almas mais desarmadas, ele foi o Werther da Grécia, um enamorado sem esperanças; foi uma vida cheia de ternura e nostalgia, embora também houvesse força e

---

12. Trata-se de Friedrich Theodor Vischer (1807-1887), amigo de David Strauss, que escreveu uma *Estética ou ciência do belo*, em seis volumes, publicada entre 1846 e 1857, de clara inspiração hegeliana.

conteúdo em sua vontade, e grandeza, plenitude e vida em seu estilo, que às vezes lembrava mesmo um Ésquilo. Apenas seu espírito tinha muito pouco de dureza; faltava-lhe como arma o humor; *o que ele não pôde suportar foi isto, que se alguém é um filisteu nem por isso é um bárbaro."* Essa última confissão nos interessa, e não as doces condolências do orador de mesa. Sim, ele admite ser um filisteu, porém bárbaro! De maneira nenhuma. Infelizmente o pobre Hölderlin não pôde fazer uma distinção tão sutil. Esta distinção se justifica se a palavra "barbárie" for pensada em oposição à civilização e, quem sabe, até como pirataria e antropofagia: mas o que o esteta quer nos dizer é evidente: pode-se ser filisteu e, contudo, um homem de cultura – ali se encontra o humor que faltou ao pobre Hölderlin, e por tal carência foi levado à ruína.

Nessa mesma confissão o orador deixou escapar ainda uma segunda: "o que nos transporta para além do desejo do belo, tão profundamente sentido pela alma trágica, não é sempre a força de vontade, *porém a fraqueza"* – mais ou menos assim dizia a confissão feita em nome do "nós" ali reunidos, ou seja, dos "transportados", dos que foram "levados para o outro lado" pela fraqueza! Contentemo-nos com essa confissão! Agora nós sabemos, através da boca de um iniciado, de duas coisas: primeiro, que esses "nós" foram efetivamente levados para além da nostalgia do belo e, segundo, por meio da fraqueza! Precisamente essa fraqueza teve outrora, em alguns momentos menos indiscretos, um nome mais bonito: tratava-se da famosa "saúde" dos filisteus da cultura. Após essa novíssima

*DAVID STRAUSS, O CONFESSOR E O ESCRITOR* 23

informação, em vez de nos referirmos a eles como se fossem os "saudáveis", seria mais aconselhável denominá-los como os *fraquinhos*, ou, com maior intensidade, os *fracos*. Se esses fracos não tivessem o poder! O que importa a eles como são nomeados! Pois eles são os dominantes, e não é um verdadeiro dominador aquele que não pode suportar uma ironia. Mais ainda, se alguém tem o poder, aprende logo a fazer troça de si mesmo. Então, ele não dá muita importância se algum defeito seu é posto a descoberto: pois, o que não esconde a púrpura!? o que não esconde o manto do triunfo!? A força do filisteu da cultura vem à luz quando confessa sua fraqueza, e quanto mais o faz, e quanto mais cinicamente ele a confessa, tanto mais claramente se revela o quão importante ele se considera e o quanto ele se sente superior. Esse é o período das confissões cínicas dos filisteus. Assim como Friedrich Vischer fez confissões com uma frase, assim também o fez David Strauss com um livro: e cínica é tanto aquela frase quanto esse livro de confissões.

## 3

David Strauss faz confissões sobre essa cultura filisteia de duas maneiras, por meio da palavra e por meio da ação, a saber, *pela palavra de confessor e pela ação de escritor*. Seu livro com o título *A antiga e a nova fé* é uma confissão ininterrupta, tanto por seu conteúdo quanto como livro e produto literário; e já no fato de ele se permitir fazer publicamente confissões sobre sua

24 *FRIEDRICH NIETZSCHE*

fé encontra-se uma confissão. – Após completar os seus quarenta anos, todo homem tem direito de escrever sua biografia, pois também o homem mais insignificante pode ter vivido algo especial e visto aquilo com muita proximidade, de tal modo que ele se torna valioso e digno de consideração para o pensador. Mas oferecer uma confissão sobre sua fé deve ser avaliado como algo incomparavelmente mais pretensioso, porque toma por pressuposto que o confessor atribui valor não apenas ao que viveu ou pesquisou ou viu durante sua existência, mas também àquilo em que ele acreditou. Ora, a última coisa que o autêntico pensador gostaria de saber seria a totalidade do que tais naturezas strausseanas comportam como sua fé, e o que elas têm pensado, "meio em sonho e conjuntamente" (p. 10)[13], a respeito de coisas que somente aquele que as conhece em primeira mão tem o direito de falar sobre elas. Quem precisaria da confissão de fé de um Ranke ou de um Mommsen[14], que são, a propósito, eruditos e historiadores totalmente diferentes do que foi David Strauss, mas que, se tivessem tido o intuito de nos entreter com sua fé e não com seus conhecimentos científicos, imediatamente teriam extrapolado seus limites de modo irritante. Isso, porém, é o que faz Strauss quando narra suas crenças. Ninguém deseja saber algo a respeito de tal assunto, a não ser, talvez, alguns

---

13. A partir de agora, Nietzsche citará entre parênteses as páginas de sua edição do livro de Strauss (Leipzig, 1872).

14. Leopold von Ranke (1795-1886) e Theodor Mommsen (1817-1903). Historiadores alemães, aos quais Nietzsche criticará com veemência pelo seu "historicismo".

# DAVID STRAUSS, O CONFESSOR E O ESCRITOR

adversários estúpidos dos conhecimentos strausseanos, os quais pressentem por trás daquelas coisas verdadeiras doutrinas de fé satânicas, e devem desejar que Strauss comprometa suas asserções eruditas por meio da manifestação de satânicas segundas intenções. Talvez esses rudes rapazes tenham encontrado nesse novo livro o que haviam previsto; nós, porém, que não tínhamos nenhum motivo para pressentir qualquer doutrina satânica oculta, não encontramos nada desse gênero, se bem que não ficaríamos nem um pouco insatisfeitos se as coisas ali se passassem de forma um pouco mais satânicas. Pois, tal como Strauss, certamente nenhum espírito maligno fala de sua nova crença: como em geral não fala nenhum espírito, e muito menos um verdadeiro gênio. Ao contrário, falam dessa maneira apenas aqueles homens, os quais Strauss nos apresenta com seu "nós", e que nos aborrecem mais quando nos apresentam suas crenças do que quando nos narram seus sonhos, por mais que eles sejam "eruditos ou artistas, funcionários ou militares, industriais ou fazendeiros, e que vivam aos milhares no campo e não como os piores". Se eles não querem continuar sendo os silenciosos da cidade e do campo, mas querem tornar-se ruidosos com suas confissões, devem saber que nem mesmo o barulho de seu *uníssono* seria capaz de encobrir a pobreza e a vulgaridade da melodia que eles entoam. O fato de ouvirmos que uma confissão é compartilhada por muitos não faz com que ela nos soe favoravelmente, se o seu gênero é tal que a nenhum desses muitos que se dispuseram a fazer tais relatos deixaríamos terminar de falar, mas o interromperíamos bocejando. Você tem tal fé, deveríamos responder a ele, então, por Deus, não nos revele nada sobre ela. Talvez no passado alguns inocentes tenham procurado em David Strauss um pensador: agora eles encontraram o crente e ficaram desiludidos. Tivesse ele permanecido em silêncio, então continuaria sendo um filósofo[15], ao menos para aqueles poucos, ao passo que agora ele não o é para ninguém. Mas também ele não deseja mais para si a reputação de pensador; ele quer ser apenas um novo crente e está orgulhoso de sua "nova fé". Confessando por escrito a sua fé, ele pretende escrever o catecismo "das ideias modernas" e construir a ampla "estrada universal do futuro". De fato, nossos filisteus deixaram de ser desanimados e envergonhados, ao contrário, são confiantes até o cinismo. Houve um tempo, sem dúvida distante, no qual o filisteu era tolerado como alguma coisa que não falava e sobre a qual não se falava: houve outro tempo, no qual se afagavam suas rugas, em que ele era considerado engraçado e que se falava sobre ele. Por isso ele foi gradualmente se tornando abusado e começou a se alegrar de todo o coração com suas rugas e com suas peculiaridades bizarras de homem honesto: então ele mesmo se pôs a falar, mais ou menos ao modo da música caseira de Riehl[16]. "Mas o

---

15. Trata-se de uma citação de Boécio, *De consolatione philosophiae*, II, 7: *si tacuisses, philosophus mansisses* (se tivesses permanecido calado, haverias de seguir sendo filósofo).

16. Wilhelm Heinrich Riehl (1823-1897). Historiador e músico alemão. Era inimigo declarado de Wagner e tentou fundar uma "Associação de oposição a Wagner". Wagner publicara uma recensão bastante negativa de uma de suas novelas e considerava sua música uma "música caseira".

*DAVID STRAUSS, O CONFESSOR E O ESCRITOR*

que vejo! Uma sombra! Será verdade? Como meu poodle cresceu e engordou!" Pois agora ele já se revolve como um hipopótamo na "estrada universal do futuro", e o rosnar e o ladrar se converteram no tom próprio de um orgulhoso fundador de religião[17]. Agrada-lhe talvez, senhor mestre, fundar a religião do futuro? "O tempo me parece não ter chegado ainda (p. 8). Não me ocorreu ainda sequer a vontade de destruir uma igreja qualquer." – Mas por que não, senhor mestre? Para isso basta apenas que se tenha a capacidade para fazê-lo. De resto, falando honestamente, o senhor mesmo acredita ser capaz. Observe a última página de seu livro. Lá o senhor mostra saber que a sua nova estrada é a "única estrada universal do futuro, uma via que está apenas em parte concluída e que, no principal, precisa ainda ser transitada de modo mais usual para tornar-se confortável e agradável". Não continue o senhor negando: o fundador de religiões já foi reconhecido. O novo, confortável e agradável caminho para o paraíso strausseano já foi construído. Apenas com o carro, no qual o senhor pretende nos conduzir, homem modesto, o senhor ainda não está totalmente satisfeito: afinal o senhor mesmo nos diz "o que eu não quero afirmar é que o carro, no qual meus valiosos leitores deverão se confiar comigo, corresponda a todas as exigências" (p. 367): "certamente alguém se sente mal acomodado nele". Ah, senhor galante fun-

---

17. Referência aos versos 1247 e seguintes do *Fausto*. A relação do poodle com o hipopótamo se torna possível porque o poodle corresponde, literalmente, ao "cão-d'água", um exímio nadador que era usado pelos portugueses em embarcações de pesca.

28 FRIEDRICH NIETZSCHE

dador de religião, o senhor deseja ouvir algo amável. Mas nós queremos lhe dizer algo sincero. Caso o seu leitor se prescreva a cada dia do ano a leitura de uma das 368 páginas de seu catecismo religioso, tomando-o, portanto, em pequeníssimas doses, nós acreditamos que ele por fim se sentirá mal: por irritação certamente, pois o efeito esperado não aparece. Muito melhor seria tomar tudo de um único gole! a maior quantidade possível de uma vez! como ordena a receita para todos os livros tempestivos[18]. Então a bebida não causaria danos, então aquele que a toma não ficaria de modo algum indisposto e aborrecido, porém alegre e bem-humorado, como se nada tivesse acontecido, como se nenhuma religião tivesse sido destruída, como se nenhuma estrada universal tivesse sido construída, como se nenhuma confissão tivesse sido feita – a isso eu denomino, contudo, um efeito! Médico e medicamento e também a doença, tudo esquecido! E o riso alegre! E o contínuo comichão por rir! O senhor é de fazer inveja, meu senhor, pois fundou a mais agradável religião, a saber, aquela cujo fundador é tão continuamente honrado que se ri dele.

## 4

O filisteu como o fundador da religião do futuro – essa é a nova fé em sua forma mais impressionante; o

---

18. Aqui, Nietzsche opõe ao caráter "intempestivo" (*Unzeitgemäss*) de seu escrito o "tempestivo" (*Zeitgemäss*) de Strauss.

*DAVID STRAUSS, O CONFESSOR E O ESCRITOR* 29

filisteu transformado em visionário –, esse é o fenômeno insólito que caracteriza nosso momento presente alemão. Porém, por enquanto, guardemos um grau de cautela no que diz respeito a esses visionários: não foi nenhum outro senão o próprio David Strauss quem nos aconselhou tal cautela nas sábias frases a seguir, com as quais devemos pensar em primeiro lugar, com certeza, não em Strauss, mas no fundador do cristianismo, (p. 80) "nós sabemos que existiram visionários nobres, plenos de espírito, que um visionário pode estimular, elevar, que pode também produzir efeitos históricos muito duradouros; mas não queremos elegê-lo para a condição de guia de nossa vida. Ele nos afastará do bom caminho se nós não colocarmos sua influência sob o comando da razão". Nós sabemos ainda mais que podem existir também visionários sem espírito, visionários que não estimulam, não elevam e, contudo, fazem parecer que, como guias da vida, produzirão efeitos históricos muito duradouros e dominarão o futuro: motivo pelo qual, de forma muito mais acentuada, nós somos desafiados a manter seu fanatismo sob o controle da razão. A esse respeito Lichtenberg afirma: "existem visionários sem capacidade e, por isso mesmo, são as pessoas realmente perigosas"[19]. Por enquanto, para lograrmos ao menos parte desse controle da razão, precisamos de respostas honestas para ao menos três perguntas. Primeira: como o novo crente

---

19. Cf. Lichtenberg, Georg Christoph, *Vermischte Schriften*, Göttingen, 1867, 1, p. 188. Esse volume se encontra na Biblioteca Privada de Nietzsche. Para a importância de Lichtenberg, cf. o parágrafo 109 de *O andarilho e sua sombra*.

30        *FRIEDRICH NIETZSCHE*

pensa seu céu? Segunda: quão longe chega a coragem que a nova fé lhe confere? E terceira: como ele escreve seus livros? Strauss, o confessor, nos responderá a primeira e a segunda pergunta, Strauss, o escritor, a terceira.

O céu dos novos crentes deve ser naturalmente um céu na terra: pois "o ponto de vista" cristão de uma vida imortal, celestial, juntamente com as demais consolações, estão "irremediavelmente arruinados" para aquele que se posicione "com um pé apenas" na posição strausseana (p. 364). É significativo o modo como uma religião pinta o seu céu: e, supondo ser verdade que o cristianismo não conhece outra ocupação celestial a não ser fazer música e cantar, esse seguramente não será um panorama consolador para o filisteu strausseano. Mas existe ainda no conhecido livro de confissões uma página paradisíaca, a página 294: deixe desenrolar todo esse pergaminho para ti, agraciado filisteu! Ali desce para ti o céu inteiro[20]. "Nós queremos apenas indicar o modo como temos nos dedicado às coisas", diz Strauss, "uma dedicação que já vem de longos anos. Ao lado de nossa profissão – pois pertencemos às mais diversas modalidades de ofícios, não somos simples eruditos ou artistas, mas também funcionários e militares, industriais e fazendeiros, e mais uma vez, como já disse, não somos poucos, porém muitos milhares, e não os piores, em todas as regiões –, ao lado de nossa profissão, eu digo, procuramos manter o mais aberta possível a nossa disposição por todos

---

20. Trata-se de uma citação explícita aos versos 1108 e 1109 do *Fausto*.

*DAVID STRAUSS, O CONFESSOR E O ESCRITOR* 31

os interesses superiores da humanidade: durante os últimos anos tomamos parte ativamente na grande guerra nacional e na instauração do Estado alemão, e nos sentimos elevados em nosso interior em função dessa tão inesperada quanto magnífica mudança no destino de nossa nação, já submetida a tantas provas. Para a compreensão desses acontecimentos, nós contribuímos com estudos históricos, os quais agora, graças a uma série de livros de história escritos de modo atraente e popular, tornaram-se acessíveis também para os não doutos; além disso, procuramos ampliar nossos conhecimentos da natureza, e também nessa matéria não faltam os meios auxiliares para a sua compreensão por parte das pessoas comuns; e, finalmente, nos escritos de nossos grandes poetas e na execução das obras de nossos grandes músicos, encontramos um estímulo para o espírito e o coração, para a fantasia e o humor, que nada deixa a desejar. Assim nós vivemos, assim nós caminhamos agraciados pela vida."[21]

Esse é nosso homem, exclama jubiloso o filisteu que lê tais coisas: pois é assim que nós efetivamente vivemos, assim nós vivemos todos os dias. E com que beleza ele sabe descrever tais coisas! Por exemplo, o que ele pode entender mais sob a designação de estudos históricos com os quais contribuímos para a compreensão da situação política do que a leitura de jornais, e sob a designação de viva participação na instauração do Estado alemão, do que nossas visitas diárias ao bo-

---

21. A última frase, "Assim nós vivemos...", é um verso do poema *Zueignung* ("Dedicatória"), de Goethe.

32 *FRIEDRICH NIETZSCHE*

tequim? e não seria um passeio no jardim zoológico o referido "meio auxiliar para a compreensão por parte das pessoas comuns", com o qual ampliamos nossos conhecimentos da natureza? E, para concluir – teatro e concerto, dos quais levamos para casa "estímulos para a fantasia e o humor", que "não deixam nada a desejar" –, com que maneira digna e espirituosa ele diz coisas que nos fazem refletir! Esse é nosso homem; pois seu céu é nosso céu!

Assim exclama jubiloso o filisteu: e se nós não estamos tão satisfeitos quanto ele, isso se deve ao fato de que gostaríamos de saber ainda mais. Scaligero costuma dizer: "O que nos importa se Montaigne bebia vinho tinto ou branco!"[22] Mas como nós apreciaríamos, nesse caso da maior importância, tal esclarecimento formal! Caso nos interesse saber também quantos cachimbos o filisteu fuma diariamente por ordem da nova fé e se, para ele, durante o café, é mais simpático o *Diário de Spener* ou o *Diário Nacional*[23]. Aspiração de nossa curiosidade que não é satisfeita! Somente em

---

22. Nietzsche possuía uma edição alemã, em três volumes, dos *Essais*, de Montaigne, publicada em Leipzig, em 1754. No terceiro volume, reproduziu-se a "vida de Montaigne" escrita por Bouhier e é Bouhier quem cita estas palavras de Scaligero (1540-1609).

23. Trata-se de dois jornais berlinenses, desprezados por Nietzsche. O *Nationalzeitung* (Diário Nacional) publicara uma crítica muito negativa ao *Nascimento da tragédia* (cf. carta de Nietzsche a Wagner, de 15 de outubro de 1872), chamando seu autor de "lacaio literário de Wagner". Quanto ao *Spnersche Zeitung* (Diário de Spener), seu diretor, Wilhelm Wehrenpfennig, visitara Nietzsche na Basileia, no verão de 1872. Nietzsche relata esta visita, de forma bem sarcástica, a Rodhe (cf. carta de 26 de agosto de 1872), dizendo que "o mero som produzido por uma garganta berlinense me resulta tão odioso quanto o da máquina a vapor".

# DAVID STRAUSS, O CONFESSOR E O ESCRITOR

um ponto nos é oferecida uma explicação bastante detalhada, e por sorte essa explicação diz respeito ao céu dos céus, a saber, àqueles pequenos e estéticos gabinetes privados, que são dedicados aos grandes poetas e músicos, nos quais o filisteu se "edifica" e nos quais, segundo sua própria declaração, até mesmo "todas as suas manchas são apagadas e lavadas" (p. 363); de tal forma que nós teríamos que considerar aqueles pequenos gabinetes privados como pequenos estabelecimentos de banho iluminados. "Contudo, essas coisas ocorrem apenas por instantes fugazes, e têm vigência somente no reino da fantasia; tão logo nós retornamos à áspera realidade e à vida apertada, a velha miséria nos acomete por todos os lados" – assim suspira nosso mestre. Mas utilizemos os rápidos momentos em que nos é permitido permanecer naqueles cubículos; o tempo é suficiente para observar de todos os lados a figura ideal do filisteu, ou seja, *do filisteu que teve todas as suas manchas lavadas*, e que agora é, inteira e totalmente, um tipo totalmente puro de filisteu. Com toda seriedade, é instrutivo o que aqui se oferece: o fato de que ninguém que tenha por fim caído vítima do livro de confissões tivesse deixado de ler esses dois suplementos intitulados "Os nossos grandes poetas" e "Os nossos grandes músicos". Aqui se estende o arco-íris da nova aliança, e aquele que não se regozija com ela "está irremediavelmente perdido", como disse Strauss em outra ocasião, embora aqui poderia dizer também: "não está ainda maduro para a nossa posição". Nesse ponto nos encontramos no céu dos céus do filisteu da cultura. O entusiasmado pariegeta se dispõe a nos

34                                   *FRIEDRICH NIETZSCHE*

guiar e se desculpa se, em função do enorme deleite que sente diante da glória que ali se encontra, ele acabe falando em demasia. "Se por acaso", nos diz ele, "eu for mais loquaz do que seria oportuno a esta ocasião, o leitor me perdoará; a boca fala daquilo que está transbordando no coração[24]. Somente uma coisa gostaria de assegurar ao leitor, que aquilo que ele vai ler na sequência não consiste em apontamentos antigos, que eu teria enxertado aqui, mas que foram escritos para a presente finalidade e para serem empregados neste lugar" (p. 296). Essas confissões nos deixam estupefatos por alguns instantes. O que pode nos interessar, se aqueles lindos capitulozinhos foram escritos recentemente! Se o que importa é que foram escritos! Sinceramente, eu gostaria que eles tivessem sido escritos um quarto de século atrás, pois assim eu saberia por que tais pensamentos me parecem tão desgastados e por que possuem em si o cheiro mofado de coisa velha. Porém, que uma coisa tenha sido escrita no ano de 1872 e já em 1872 cheire a mofo, é algo que me deixa pensativo. Suponhamos, pois, que alguém adormecesse com esses capítulos e com seu cheiro – com o que ele sonharia? Um amigo me revelou que ele vivenciou tal experiência. Ele sonhou com um gabinete de figuras de cera: lá estavam os clássicos em elegantes cópias feitas de cera e pérolas. Eles moviam os braços e os olhos e, quando o faziam, uma engrenagem em seu interior rangia. Ele viu uma coisa sinistra naquele lugar, uma figura disforme, ornada com tiras e papéis amarelados, de cuja

---

24. Cf. Evangelho de Mateus 12, 34.

*DAVID STRAUSS, O CONFESSOR E O ESCRITOR* 35

boca pendia um cartaz no qual estava escrito "Lessing"; esse meu amigo quis aproximar-se e percebeu tratar-se da coisa mais horrível, da quimera homérica, de Strauss na frente, atrás Gervinus[25] e no meio a quimera – em suma, Lessing. Essa descoberta arrancou dele um grito de pavor, ele despertou e não leu mais. Por que, senhor mestre, o senhor escreveu um tão mofento capitulozinho!?

É bem verdade que aprendemos algumas coisas novas com eles, por exemplo que graças a Gervinus se sabe o como e o porquê Goethe não teria sido um talento dramático; que, na segunda parte do *Fausto*, Goethe teria criado apenas um produto alegórico-espectral; que Wallenstein[26] seria um Macbeth[27] que ao mesmo tempo é Hamlet; que o leitor de Strauss seleciona as novelas a partir de *Os anos de peregrinação*[28], como crianças mal-educadas que retiram passas e amêndoas de uma massa de bolo viscosa; que sobre o palco não se obtém nenhum efeito pleno sem o drástico e o arrebatador; e que Schiller teria saído de Kant como de um estabelecimento hidroterápico. Todas essas coisas são, com certeza, novas e estranhas, porém, ainda que surpreendentes, não nos agradam, e se é certo que são novas, é certo também que não envelhecerão, pois jamais foram jovens, mas saíram do ventre materno como

---

25. *Ilíada*, VI, 181. Georg Gottfried Gervinus (1805-1871), historiador, literato, político e catedrático das Universidades de Heidelberg e Göttingen. Nietzsche havia lido de Gervinus a sua *História do século XIX*.

26. Personagem da peça de Schiller, com o mesmo nome.

27. Peça de Shakespeare.

28. Referência aos *Anos de peregrinação de Wilhelm Meister*, de Goethe, o famoso "romance de formação".

lembranças de tio-avô. Contudo, que tipo de pensamento esses bem-aventurados do novo estilo têm quando estão em seu estético reino dos céus. E porque eles não esqueceram ao menos algumas poucas coisas, já que são coisas tão pouco estéticas, tão terrenas, passageiras e que carregam consigo de modo bem visível o selo da estupidez, como algumas teorias de Gervinus. Porém, é como se a modesta grandeza de Strauss e a imodesta minimidade de Gervinus quisessem se entender uma com a outra: e como são felizes todos aqueles bem-aventurados, e quão felizes somos também nós os desventurados quando Gervinus, esse inquestionável crítico de arte, segue adiante ensinando sobre seu entusiasmo aprendido e sobre seu galope próprio de cavalo de aluguel, do qual já falou com a devida clareza o honesto Grillparzer[29], e então todo o céu se põe a retumbar sob o tropel desse entusiasmo galopante! Logo, no mínimo, as coisas transcorrerão de modo mais animado e barulhento do que agora, quando o entusiasmo de nosso guia celestial desliza furtivamente em meias de seda, e a tênue eloquência de sua boca produz em nós uma longa fadiga e nojo. Eu gostaria de saber como soaria na boca de Strauss um Aleluia: eu creio, é preciso ouvir com atenção ou, do contrário, pode-se acreditar estar ouvindo uma desculpa cortês ou uma sussurrada galanteria. Sobre isso, eu tenho um exemplo instrutivo e repugnante para

---

29. Franz Grillparzer (1791-1872), escritor e dramaturgo austríaco, admirado por Nietzsche. Nietzsche refere-se ao texto "Sobre a história da literatura", publicação póstuma de Grillparzer, mais exatamente à página 175 do tomo IX de suas *Obras completas* (*Sämtliche Werke*).

*DAVID STRAUSS, O CONFESSOR E O ESCRITOR*

narrar. Strauss se ofendera muito com um de seus adversários que falava de suas reverências a Lessing – o infeliz havia simplesmente ouvido mal! Strauss afirmou que só poderia ser um estúpido quem não percebesse que suas palavras simples sobre Lessing, no número 90 de seu livro, provinham calorosas do coração. Eu não duvido de forma alguma desse calor; ao contrário, esse calor de Strauss por Lessing sempre produziu em mim alguma suspeita; idêntico calor digno de suspeita por Lessing, elevado até a exaltação, eu encontro em Gervinus; de fato, em todo o seu conjunto, nenhum grande escritor alemão é tão popular entre os pequenos escritores alemães do que Lessing; e, mesmo assim, eles não deveriam ter gratidão por isso, pois, no fundo, o que eles louvam em Lessing? Por um lado, sua universalidade: ele é crítico e poeta, arqueólogo e filósofo, dramaturgo e teólogo. Por outro, "aquela unidade do escritor e do homem, da cabeça e do coração". Essa última característica se apresenta em todo grande escritor, e às vezes até mesmo num pequeno; no fundo, uma cabeça estreita se dá assustadoramente bem com um coração estreito. E a primeira, aquela universalidade, não é em si nenhuma distinção, especialmente no caso de Lessing, que foi apenas a expressão de uma penúria. Antes, o que é de se admirar nesses entusiastas de Lessing é que precisamente eles não tenham olhos para aquela penúria consumidora, que conduziu Lessing pela vida e o levou àquela "universalidade", que eles não tenham nenhum sentimento pelo fato de tal homem ter se consumido rapidamente como uma chama, que eles não tenham

38     *FRIEDRICH NIETZSCHE*

nenhuma indignação diante do fato de ter sido a mais ordinária estreiteza e mesquinhez daqueles com os quais conviveu, e em especial dos seus contemporâneos doutos, o que perturbou, atormentou, asfixiou um ser tão delicadamente entusiasmado, a ponto de que justamente essa elogiada universalidade deveria causar uma profunda compaixão. "É lamentável", nos grita Goethe, "que esse homem extraordinário tenha vivido em uma época tão lastimosa e que tenha sido continuamente obrigado a atuar de maneira polêmica."[30] Como seria permitido a vocês, meus bons filisteus, lembrarem de Lessing sem sentir vergonha se ele sucumbiu justamente por causa de vossa obtusidade, em luta com vossas fanfarronices e ídolos risíveis[31], sob a inconveniência de vossos teatros, de vossos doutos, de vossos teólogos, sem se permitir uma única vez lançar-se àquele voo eterno, para o qual teria vindo ao mundo? E o que vocês sentem com a recordação de Winckelmann[32], o qual para livrar os olhos da vossa grotesca parvoíce foi pedir ajuda aos jesuítas, e cuja vergonhosa conversão desonrou não a ele, porém a vocês? E seria permitido a vocês mencionar o nome de Schiller

---

30. Cf. *Conversações com Eckermann*, de 7 de fevereiro de 1827.

31. "lächerlichen Klötzen und Götzen". Sarcástica referência de Nietzsche aos nomes próprios de dois dos maiores adversários de Lessing: Cristian Adolf *Klotz* (1738-1771) e Johann Melchior *Goeze*. O "t" que Nietzsche acrescenta ao nome do segundo acentua o sarcasmo.

32. Johan Joachim Winckelmann (1717-1768). Arqueólogo e especialista em arte antiga. É um dos criadores da "Grécia apolínea", através do conceito de *"Heiterkeit"* (serenidade), bastante criticado por Nietzsche desde os textos preparatórios ao *Nascimento da tragédia*. Converteu-se em 1754.

*DAVID STRAUSS, O CONFESSOR E O ESCRITOR*

39

sem se envergonhar? Observem seu retrato! O olho cintilante, que se volta desdenhoso por sobre vocês, esta face mortalmente avermelhada não diz nada a vocês? Aí vocês tiveram um brinquedo magnífico e divino e vocês o quebraram. E vocês tomam ainda a amizade com Goethe como a causa desse definhamento, de uma vida pressionada pela morte, quando a vocês seria oportuno que essa vida se acabasse ainda mais rapidamente! Vocês não teriam sido sequer coadjuvantes na obra da vida de vossos grandes gênios, e agora vocês querem transformar em dogma, que a ninguém mais se pode ajudar? Embora, para cada um deles, vocês foram aquela "oposição do mundo obtuso", como denomina Goethe em seu *Epílogo ao sino*[33], para cada um desses gênios vocês foram os estúpidos mal-humorados ou os mesquinhos invejosos ou os egoístas maldosos: apesar de vocês eles criaram suas obras, contra vocês eles dirigiram seus ataques, e graças a vocês eles sucumbiram cedo demais, aquebrantados e aturdidos pelas lutas, sem terem concluído sua tarefa do dia. E a vocês seria permitido agora fazer elogios a tais homens, *tamquam re bene gesta* [como se tivessem agido bem]! e o fazem com palavras, das quais se infere tão claramente em quem vocês pensam, no fundo, com tais elogios, bem como o motivo pelo qual elas "saem tão quentes do coração" que seria necessário ser um estúpido para não perceber a quem realmente são prestadas as reverências[34]. De fato, nós precisamos de um Lessing, já

---

33. Trata-se de um adendo de Goethe ao poema "O sino", de Schiller.

34. A eles mesmos. Conforme fragmento 27 [9] escrito entre a primavera e o outono de 1873.

40           *FRIEDRICH NIETZSCHE*

proclamou Goethe[35], e ai de todos os mestres presunçosos e de todo esse estético reino do céu quando o jovem tigre, cuja força inquieta se faz visível em seus músculos tensos e no brilho de seus olhos, se lança para a pilhagem[36]!

## 5

Meu amigo foi tão esperto que, graças àquela quimérica figura fantasmagórica, reconheceu quem era o Lessing de Strauss e o próprio Strauss, e não quis mais continuar lendo. Nós, porém, fomos adiante com a leitura e, além disso, solicitamos ao novo crente e porteiro do santuário *musical* a permissão para entrar. O mestre abre a porta, caminha ao nosso lado, faz esclarecimentos, menciona nomes – por fim, nós paramos desconfiados e olhamos para ele: não teria ocorrido conosco o mesmo que se passou em sonho com aquele pobre amigo? Pois, à medida que Strauss vai falando, nos parece que os músicos, dos quais ele fala, recebem nomes equivocados, e nós acreditamos que seu discurso remete a outros, ou até mesmo a fantasmas engraçados. Por exemplo, quando ele toma em sua boca o nome de Haydn, com aquele mesmo calor que nos despertava suspeitas quando fazia elogios a Lessing, e concebe a si mesmo como um iniciado e um sacerdote de um misterioso culto haydniano, e com-

---

35. Cf. *Conversações com Eckermann*, de 15 de agosto de 1825.

36. Em um fragmento 27 [35] escrito entre a primavera e o outono de 1873, Nietzsche identifica Lessing a esse tigre.

DAVID STRAUSS, O CONFESSOR E O ESCRITOR

para, porém, Haydn com uma "sopa honesta", e Beethoven com "confeitos" (e isso se referindo à música dos quartetos) (p. 362), é que nos damos conta de que o *seu* Beethoven-Confeitos não é o *nosso* Beethoven e que o *seu* Haydn-Sopa não é o *nosso* Haydn. De resto, o mestre considera nossas orquestras suficientemente boas para a execução do seu Haydn e observa que apenas os diletantes mais modestos teriam direito àquela música – mais uma prova de que ele está falando de outro artista e de outra obra de arte, talvez da música caseira de Riehl.

Mas quem poderá ser aquele Beethoven-Confeitos strausseano? Ele teria composto nove sinfonias, das quais a *Pastoral* seria "a menos espirituosa"; como ficamos sabendo também, a cada três sinfonias, seu autor se sentia impelido "a ultrapassar os limites e buscar uma aventura", do que quase nos seria permitido inferir que se trata de um ser duplo, metade cavalo e metade cavaleiro. Com relação a certa "heroica", esse centauro é acusado, com toda seriedade, de não haver expressado claramente "se a sinfonia trata de combates realizados em campos abertos ou nas profundezas do peito humano". Na *Pastoral* existiria uma "tempestade desencadeada com fúria oportuna", para a qual seria "absolutamente insignificante" que ela interrompa uma dança camponesa; e, com isso, se teria a sua "ligação arbitrária ao motivo trivial que a afundou", exatamente como o proclama a locução tanto elegante quanto correta que essa sinfonia é "a menos espirituosa" – o mestre clássico parece ter para essa ocasião uma palavra ainda mais dura, porém, como ele disse, prefere expressar-se aqui "com a devida modéstia". Mas não, ao menos uma vez ele deixou de ter razão, nosso mestre, pois ao fazer isso ele se mostrou de fato modesto. Pois quem nos instruiria sobre o Beethoven--Confeitos senão o próprio Strauss, o único que parece conhecê-lo? Além do quê, segue-se de imediato um juízo vigoroso e pronunciado com a devida *imodéstia*, e precisamente sobre a *Nona sinfonia*: a qual só poderia ser apreciada por aqueles que "tomam o barroco por genial e o amorfo por sublime" (p. 359). É bem verdade que um crítico tão severo como Gervinus acolheu de bom grado essa sinfonia, a saber, como confirmação de uma doutrina gerviniana: ele, Strauss, porém, estaria longe de procurar algum mérito nos "produtos tão problemáticos" de *seu* Beethoven. "É uma lástima", exclama com afetuoso suspiro nosso mestre, "em se tratando de Beethoven, que em função de tais limitações alguém venha a perder tanto o gozo quanto a admiração que era atribuída a ele com tão bom grado." Nosso mestre é de fato um predileto das graças; e essas graças narraram a ele que somente durante algum tempo elas acompanharam Beethoven e que em seguida ele as perdeu de vista novamente. "Isso é um defeito", exclama o mestre; "porém, alguém acreditaria que também se manifesta como uma qualidade?" "Aquele que, extenuado e ofegante, conduz adiante a ideia musical, parecerá estar movendo o que é mais pesado e ser o mais forte" (pp. 355-6). Isso é uma confissão e, ao certo, não apenas sobre Beethoven, porém uma confissão do "escritor clássico de prosa" sobre si mesmo: a ele, ao autor famoso, as graças não deixam na mão: elas permanecem firmes com ele o tempo todo, desde o jogo dos gracejos suaves – a saber, dos gracejos strausseanos – até os cumes da seriedade – a saber, a seriedade strausseana. Ele, o clássico artista escritor, empurra sua carga com facilidade e brincando, enquanto Beethoven fica ofegante para girá-la. Strauss parece estar apenas brincando com o seu peso, o que seria um mérito; mas alguém acreditaria que isso também poderia parecer um defeito? – Porém, tais coisas só se passam, quando muito, com quem toma o barroco por genial e o informe por sublime – não é verdade, senhor predileto das graças brincalhão[37]?

Nós não invejamos ninguém pelas coisas edificantes que possa proporcionar a si no silêncio de sua camerazinha ou em um novo reino dos céus devidamente arranjado; porém, de todas as formas de edificação possíveis, a strausseana é uma das mais prodigiosas: pois ele a obtém em um pequeno fogo sacrifical, no qual arremessa calmamente as mais sublimes obras da nação alemã, com o intuito de defumar seus ídolos com o vapor que delas se desprende. Imaginemos, por um momento, que por um acaso a *Heroica*, a *Pastoral* e a *Nona* se tornassem propriedade de nosso sacerdote das graças, e que, na sua concepção, para manter pura a figura do mestre fosse necessária a remoção de tão "problemáticos produtos" – quem duvidaria que ele as teria queimado? E assim procedem efetivamente os Strauss de nossos dias: eles querem saber algo de um

---

37. Sem o dizer explicitamente, Nietzsche está contrapondo ao Beethoven do Strauss, o *Beethoven* de Wagner, livro que ele apreciará sempre, em especial por seu estilo.

artista apenas na medida em que esse artista se presta ao seu serviço de quarto, e conhecem apenas a oposição entre defumar e queimar. Em todo caso, se afinal isso deveria ser permitido a eles, o estranho é que a opinião pública estética seja tão débil, insegura e fácil de ser seduzida, que, sem protestar, tolere um semelhante espetáculo do mais mísero dos filisteísmos; e mais, que ela não é sequer capaz de sentir a comicidade de uma cena na qual um mestrezinho nada estético se põe a ditar sentenças sobre Beethoven. E no que se refere a Mozart, aqui deveria realmente valer o que Aristóteles falou acerca de Platão: *"aos maus* não é permitido sequer elogiá-lo"[38]. Nesse ponto, porém, tanto o público quanto o mestre perderam totalmente a vergonha: permite-se a esse último não somente persignar-se publicamente diante das maiores e mais puras produções dos gênios germânicos, como se ele tivesse visto algo obsceno e ímpio, como também alegrar-se com suas profissões de fé e confissões de pecados feitas sem reservas, especialmente porque não confessa pecados próprios, mas os que teriam sido cometidos pelos grandes espíritos. Ah, se nosso mestre de fato sempre tivesse razão! pensam seus leitores adoradores, em momentos de veleidade e de sentimentos duvidosos; mas ele mesmo, o mestre, permanece ali, sorridente e convencido, a perorar, a condenar e a abençoar, a fazer reverências a si mesmo com seu chapéu, e pronto a dizer, a cada instante, o que a Duquesa Delaforte disse à Madame de Staël: "Eu devo confessar, minha querida

---

38. Na versão utilizada por Nietzsche: *Aristotelis fragmenta*, edição V. Rose, Berlim, 1831, p. 623.

*DAVID STRAUSS, O CONFESSOR E O ESCRITOR* 45

amiga, que não encontro ninguém que tenha permanentemente razão, a não ser eu mesma."

**6**

Para o verme um cadáver é uma bela ideia, e o verme, uma ideia horrível para todos os viventes. Vermes sonham com seu reino dos céus em um corpo gordo, os professores de filosofia em ficar revolvendo as vísceras schopenhauerianas[39], e, desde que existem roedores, existiu também um céu dos roedores. Com isso é respondida nossa primeira pergunta: como o novo crente imagina para si o seu céu? O filisteu strausseano habita nas obras de nossos grandes poetas e músicos como um verme, que vive enquanto as destrói, admira enquanto as devora, adora enquanto as digere.

Contudo, ressoa ainda nossa segunda pergunta: quão longe vai a coragem que a nova religião proporciona aos seus crentes? Também essa pergunta teria sido rapidamente respondida se a coragem e a imodéstia fossem uma só coisa, pois, se fosse assim, não teria absolutamente faltado a Strauss uma verdadeira e genuína coragem de mameluco[40]; pelo menos a modéstia

---

39. Nietzsche critica um tipo de literatura como aquela expressa no livro *Arthur Schopenhauer aus persönlichem Umgang dargestellt. Ein Blick auf sein Leben, seinen Charakter und seine Lehre* (Arthur Schopenhauer descrito a partir do trato pessoal. Um olhar sobre sua vida, seu caráter e sua doutrina) de Wilhelm Gwinner, publicado em Leipzig, em 1862.

40. "Coragem de mameluco" é uma expressão alemã para indicar "muita coragem". A frase é tomada de um verso de Schiller, em sua balada *A luta com o dragão*: "Também o mameluco mostra coragem, enquanto o ornamento do cristão consiste na obediência."

conveniente, da qual Strauss fala a propósito de Beethoven na passagem citada anteriormente, é apenas uma expressão de efeito estilístico e não moral. Strauss possui em abundância daquele atrevimento que todos os heróis vitoriosos acreditam ter por direito; todas as flores cresceram exclusivamente para ele, o vencedor, e ele elogia o sol, o qual no momento apropriado ilumina *sua* janela. Até mesmo o velho e venerável Universo ele não deixa de tocar com seus elogios, como se somente graças a tais elogios ele seria abençoado e, somente a partir desse momento, ele pudesse mover-se em torno de Strauss, a mônada central. O Universo, ele sabe nos ensinar, na verdade é uma máquina com rodas dentadas de ferro, com pesados martelos e pilões, porém "nela não se movimentam apenas rodas impiedosas, mas também se derrama óleo suavizante" (p. 365). O Universo não parece mostrar gratidão a esse mestre de figuras impetuosas, que não conseguiu inventar uma alegoria melhor para o seu elogio, isso supondo que ele viesse a consentir ser elogiado por Strauss. Mas afinal como se chama o óleo que pinga sobre os martelos e os pilões de uma máquina? E como o trabalhador fica consolado ao saber que esse óleo se derrama sobre ele enquanto a máquina separa seus membros? Supondo, porém, que essa imagem seja infeliz, devemos então voltar nossa atenção para outro procedimento, por meio do qual Strauss procura averiguar como ele próprio estaria em relação ao Universo e, com o qual, se coloca em seus lábios a pergunta de Margarida: "Ele me ama – ele não me ama – ele me

*DAVID STRAUSS, O CONFESSOR E O ESCRITOR*                    47

ama?"[41] Se é certo que Strauss não se ocupa de arrancar pétalas de flores ou de contar botões de casacos, nem por isso o que ele faz é de menor candura, embora, talvez, seja necessário um pouco mais de coragem para fazê-lo. Strauss quer averiguar se o seu sentimento pelo "Todo" estaria paralisado e adormecido ou não, e se belisca: pois ele sabe que, se um membro estiver adormecido ou paralisado, poderá ser picado com uma agulha sem que isso lhe cause dor alguma. Na verdade, certamente ele não se belisca, porém elege um procedimento ainda mais violento, que descreve da seguinte maneira: "Nós simplesmente abrimos Schopenhauer, o qual, em todas essas ocasiões, dá uma bofetada em nossa ideia" (p. 143). Ora, tendo por pressuposto que uma ideia, e nem mesmo a mais bela ideia strausseana sobre o Universo, não possui rosto, mas que apenas aquele que tem a ideia tem um rosto, logo o procedimento é composto das seguintes ações singulares: Strauss golpeia Schopenhauer – certamente até *abri-lo*: diante do que, em tal ocasião, Schopenhauer golpeia Strauss no rosto. Então Strauss "reage religiosamente", ou seja, ele bate novamente em Schopenhauer, lança injúrias, fala de absurdidades, blasfêmias, infâmias, chegando a julgar que Schopenhauer estivesse fora de seu juízo normal. Resultado da briga: "nós exigimos para nosso Universo o mesmo respeito que o devoto do velho estilo exigia para o seu Deus"

---

41. Referência às palavras de Margarida, na "cena do jardim" (*Fausto*, I, 3181, de Goethe), ao mesmo tempo que desfolha as pétalas da flor que também tem seu nome.

48 *FRIEDRICH NIETZSCHE*

– ou, de forma mais abreviada: "Ele me ama!"[42] Nosso dileto das graças torna a vida difícil para si, porém, ele é corajoso como um mameluco e não teme nem o diabo nem Schopenhauer. De quanto "óleo suavizante" ele vai precisar se tais procedimentos são tão frequentes!

Por outro lado, nós entendemos quanta gratidão Strauss deve ao Schopenhauer que produz comichões, dá ferroadas, golpeia; por isso não ficamos admirados também com as seguintes demonstrações de simpatia dirigidas a ele: "não é preciso mais do que folhear os escritos de Arthur Schopenhauer, embora, bom seria não apenas folheá-los, mas estudá-los etc." (p. 141) Para quem disse isso propriamente o chefe dos filisteus? Logo ele, que comprovadamente nunca estudou Schopenhauer, ele, de quem Schopenhauer inversamente deveria dizer: "eis um autor que não merece ser folheado e muito menos estudado". Evidentemente ele se engasgou com Schopenhauer, e, quando pigarreia sobre ele, o faz para livrar-se dele. Mas, para completar a medida dos elogios ingênuos, Strauss se permite ainda fazer uma recomendação do velho Kant: ele se refere à *História geral e teoria celeste*, de Kant, do ano de 1755, como "um escrito que sempre me pareceu não menos importante do que sua posterior *Crítica da razão*. Se nesta é de se admirar a profundidade do olhar para dentro, naquela é de se admirar a amplidão do olhar ao redor. Se aqui temos o ancião, a quem importa acima de tudo a segurança de um conhecimento que se pos-

---

42. É com essa expressão que termina o desfolhar das pétalas da flor, por Margarida, no *Fausto*.

DAVID STRAUSS, O CONFESSOR E O ESCRITOR 49

sui, ainda que limitado, lá o que vem ao nosso encontro é o homem com a plena coragem do descobridor e conquistador espiritual". Para mim, esse juízo strausseano sobre Kant não parece ser mais modesto do que aquele sobre Schopenhauer: se aqui temos o chefe, a quem acima de tudo importa a segurança ao pronunciar um juízo, mesmo que seja um juízo muito limitado, lá o que encontramos é o ilustre escritor em prosa que, com toda a coragem própria à ignorância, derrama suas essências elogiosas inclusive sobre Kant. É um acontecimento absolutamente inacreditável que Strauss não tenha sabido retirar da *Crítica da razão* de Kant o menor proveito para o seu Testamento das ideias modernas, e que ele fale sempre e somente para agradar ao mais grosseiro realismo, e precisamente isso se encontra entre os traços mais surpreendentes do caráter desse novo Evangelho, o qual caracteriza a si mesmo apenas como o resultado atingido penosamente por meio de uma pesquisa histórica e da natureza e, com isso, nega a si mesmo o elemento filosófico. Nem para o chefe dos filisteus, nem para seu "nós" existe qualquer filosofia kantiana. Ele não possui nenhuma ideia acerca da antinomia fundamental do idealismo e tampouco do sentido altamente relativo de toda ciência e de toda razão[43]. Ou: precisamente a razão teria

---

43. A expressão "antinomia fundamental do idealismo" é de Afrikan Spir (1837-1890), na obra *Denken und Wirklichkeit. Versuch einer Erneuerung der kritischen Philosophie* (Pensamento e realidade: ensaio de uma renovação da filosofia crítica), Leipzig, 1873, que Nietzsche leu logo após sua publicação. Afrikan Spir era um filósofo neokantiano da Ucrânia pouco conhecido, porém muito apreciado por Nietzsche.

50 *FRIEDRICH NIETZSCHE*

dito a ele o quão pouco se pode estipular por meio da razão sobre o em si das coisas. É verdade, no entanto, que para pessoas de certa idade é impossível compreender Kant[44], especialmente se, como ocorreu com Strauss, que em sua juventude compreendeu ou teve a ilusão de ter compreendido o "espírito gigante" de Hegel[45], e se junto a ele teve que se ocupar com Schleiermacher, "que possuía uma perspicácia quase demasiada", como diz Strauss. Deve soar estranho a Strauss, se eu lhe digo que também ele agora permanece na "mais pura dependência" de Hegel e Schleiermacher, e que sua doutrina sobre o Universo, o modo de considerar as coisas *sub specie biennii* (na perspectiva do biênio)[46] e seu servilismo diante da situação alemã e acima de tudo seu indecente otimismo filisteu podem ser explicados por certas impressões juvenis, bem como por certos costumes e fenômenos patológicos de tempos passados. Quem uma vez já padeceu de hegelianeria ou schleiermacheria, jamais volta a ficar totalmente curado.

Existe no livro de confissões uma passagem na qual aquele otimismo incurável revira de um lado para outro com um verdadeiro deleite de um dia de festa (pp. 142, 143). "Se o mundo é uma coisa", diz Strauss,

---

44. Cf. Schopenhauer, *Sobre a vontade na natureza* (Prólogo à segunda edição, de 1854), em que Schopenhauer cita Lichtenberg, a propósito da dificuldade de se entender Kant por pessoas de certa idade.

45. Expressão irônica de Schopenhauer na *Quádrupla raiz do princípio de razão suficiente*, seção 34.

46. Nietzsche inverte aqui, sarcasticamente, a conhecida expressão *sub specie aeternitatis* (na perspectiva da eternidade). O "biênio" é uma alusão aos dois anos transcorridos da vitória alemã sobre a França, na guerra de 1870.

*DAVID STRAUSS, O CONFESSOR E O ESCRITOR* 51

"que seria melhor se não existisse, então também o pensamento do filósofo seria melhor que não fosse pensado, pois ele é um pedaço desse mundo. O filósofo pessimista não nota que, antes de tudo, o que ele torna compreensível como ruim é seu próprio pensar, o qual proclama o mundo como ruim, pois o mundo é apresentado como sendo ruim por um pensamento explicativo ruim; porém, se é um pensamento ruim que declara o mundo como ruim, então, é claro que, em relação a ele, o mundo é muito melhor. Pode ocorrer que o otimismo, via de regra, tome sua tarefa de forma superficial, contra isso estão em um lugar muito oportuno as demonstrações de Schopenhauer acerca do enorme papel que a dor e o sofrimento desempenham no mundo; porém, toda filosofia verdadeira é necessariamente otimista, pois, do contrário, nega a si mesma o direito à existência." Se essa refutação de Schopenhauer não é exatamente o que Strauss chamou, uma vez, em outra passagem, de uma "refutação sob o ruidoso júbilo dos pisos altos do teatro", então eu não entendo em absoluto essa locução teatral, de que ele se serve em tal ocasião contra um adversário. Nesse ponto, o otimismo cumpriu de propósito sua tarefa de forma superficial. Porém, precisamente este foi o artifício, fazer as coisas de tal modo, como se refutar Schopenhauer não fosse nada, e seguir empurrando a carga de forma descontraída, de maneira que a todo instante as três graças tenham sua alegria nesse brincalhão otimista. O que fica demonstrado por meio dessa façanha é que não se faz necessário tomar a sério um pessimista: bastam os sofismas mais inconsistentes para tornar público que com uma filosofia tão "insana e improdutiva", como a de Schopenhauer, não se podem esbanjar razões, mas, no máximo, palavras e brincadeiras. Com tais pontos compreende-se a solene declaração de Schopenhauer de que, para ele, o otimismo, quando não é um discurso desprovido de razão de quem não abriga senão palavras embaixo de sua testa plana, manifesta-se não apenas como um absurdo, mas também como uma *forma verdadeiramente infame de pensar*, como um amargo escárnio sobre os indizíveis sofrimentos da humanidade[47]. E quando o filisteu logra fazer um sistema, como faz Strauss, produz então, igualmente, um modo infame de pensar, ou seja, uma doutrina da maior estupidez, própria ao bem-estar do "eu" ou do "nós", e provoca indignação.

Quem conseguiria ler sem indignação, por exemplo, o seguinte esclarecimento psicológico, que evidentemente só pode ter crescido do tronco daquela infame doutrina, própria ao bem-estar: "jamais, expressou Beethoven, ele estaria em condição de compor uma música para um texto como *Figaro* ou *Don Juan. A vida não lhe sorriu o bastante para que ele pudesse vê-la de modo tão jovial, para que pudesse tomar de maneira tão ligeira as debilidades dos homens*" (p. 360). Porém, para apresentar o exemplo mais forte daquela infame vulgaridade de sentimentos, é suficiente aqui aludir ao fato de que Strauss não conhece outra forma para explicar o terrivelmente sério impulso de negação e a orientação para

---

47. Cf. *O mundo como vontade e como representação*, v. I, livro IV, seção 59.

*DAVID STRAUSS, O CONFESSOR E O ESCRITOR*

a santificação ascética dos primeiros séculos do cristianismo, do que tomá-los como uma saturação excessiva dos gozos sexuais de toda espécie e a náusea e o mal-estar deles decorrentes:

> Os persas o chamam *bidamag buden*,
> os alemães dizem ressaca.[48]

Assim cita Strauss, e não se envergonha. Mas nós nos apartamos um instante, para superarmos nossa náusea.

## 7

De fato, nosso chefe dos filisteus é valente, e especialmente audacioso com as palavras em todos os lugares onde acredita poder, por meio de tal valentia, deleitar seus nobres "nós". Assim, a ascese e a autonegação dos antigos eremitas e santos equivaleriam a uma forma de ressaca, Jesus seria descrito como um visionário que em nosso tempo seria simplesmente conduzido ao hospício, a história da ressurreição de Jesus seria denominada um "disparate histórico-mundial" – nós vamos consentir em todas essas coisas, uma vez apenas, com a finalidade de estudar a espécie peculiar de coragem da qual é capaz Strauss, nosso "filisteu clássico".

Ouçamos inicialmente sua confissão: "É certamente um ofício ingrato e pouco estimado dizer ao mundo

---

48. Os versos citados por Strauss são do conjunto de poemas de Goethe intitulado *West-östlicher Diwan* (Divã oriental e ocidental).

precisamente o que ele menos gostaria de ouvir. Ele administra de bom grado a fartura, como fazem os grandes senhores que cobram e, tão logo têm algo para gastar, dispendem tudo: mas, se alguém calcula as saídas e lhe apresenta o balanço, será considerado por ele um desmancha-prazeres. E, justamente para isso que tem me movido, desde sempre, minha forma de sentir e de pensar." Tal forma de sentir e de pensar parece, em todo caso, designar alguém corajoso, contudo, permanece a dúvida, se essa coragem é natural e espontânea ou ao contrário é aprendida e artificial; talvez Strauss tenha apenas com o tempo se acostumado a ser desmancha-prazeres por profissão, até finalmente ter adquirido, pouco a pouco, uma coragem também profissional. Uma coragem com a qual combina de forma primorosa a covardia natural, que é própria ao filisteu e que se mostra de modo muito especial na inconsequência daquelas teorias que exigem coragem para serem pronunciadas; elas ressoam como um trovão e, contudo, a atmosfera não se purifica. Strauss não é capaz de ações agressivas, mas apenas de palavras agressivas, dentre elas, porém, ele escolhe as mais vexatórias e consome toda a energia e força que têm reunidas em si com tais expressões grosseiras e barulhentas; no momento seguinte, quando a palavra se dissipa, ele se mostra mais covarde do que alguém que não disse nada. Até mesmo a silhueta dos atos, a ética, mostra que ele é um herói das palavras e que evita toda ocasião em que é necessário passar das palavras para a terrível seriedade. Com uma franqueza digna de admiração, ele proclama que não é mais cristão, porém

*DAVID STRAUSS, O CONFESSOR E O ESCRITOR*

não pretende perturbar nenhuma satisfação, seja ela da espécie que for; pois a ele parece ser contraditório fundar uma associação com o intuito de derrubar outra associação – o que não é, de modo algum, tão contraditório. Com certo prazer grosseiro, ele se envolve com a roupa aveludada de nossos simiescos genealogistas e exalta Darwin como um dos maiores benfeitores da humanidade – mas, consternados, nós vemos que sua ética se constrói totalmente dissociada da pergunta: "Como compreendemos o mundo?" Aqui seria a ocasião de Strauss mostrar uma coragem natural: pois aqui ele deveria ter voltado as costas aos seus "nós" e, ousadamente, ter sido capaz de derivar do *bellum omnium contra omnes* [da guerra de todos contra todos] e do direito dos mais fortes preceitos morais para a vida, os quais somente poderiam ter se originado de um espírito intimamente intrépido, como era o de Hobbes, e em um amor grandioso à verdade, bem distinto deste que só faz por explodir em fortes invectivas contra os padrecos, os milagres e o "disparate histórico-mundial". Pois com uma ética darwinista autêntica e levada a sério até suas últimas consequências Strauss teria o filisteu contra si, o mesmo que tem a seu favor quando lança tais invectivas.

"Todo agir moral", diz Strauss, "é um autodeterminar do indivíduo conforme a ideia da espécie." Em uma linguagem clara e compreensível, isso significa apenas: viva como homem e não como macaco ou foca. Esse imperativo é, infelizmente, inteiramente inútil e inoperante, pois sob o conceito homem reúnem-se no mesmo jugo os mais diferentes tipos de homem, por exemplo, o patagônio e o mestre Strauss, motivo pelo qual ninguém se arriscará a dizer, com direito idêntico: viva como um patagônio! e: viva como um mestre Strauss! Mas se alguém quisesse, contudo, se colocar a exigência: viva como um gênio, ou seja, como a expressão ideal da espécie homem, e se esse alguém fosse, por acaso, ou um patagônio ou um mestre Strauss, quantas impertinências teríamos de sofrer de tolos originais com propensão à genialidade, cuja proliferação na Alemanha, como um fungo, já foi lamentada por Lichtenberg[49], tolos que, com uma gritaria selvagem, nos exigem que ouçamos as confissões de sua novíssima fé. Strauss ainda não aprendeu que um conceito não pode jamais tornar os homens mais morais ou melhores, e que pregar uma moral é tão fácil quanto é difícil fundamentá-la; sua tarefa deveria ter consistido, antes, em explicar e derivar, a partir de seus pressupostos darwinianos, os fenômenos humanos como bondade, compaixão, amor e abnegação, que têm existência de fato apenas no ser humano: contudo, ele prefere, mediante um salto no imperativo, fugir da tarefa da *explicação*. Com esse salto ocorre a ele, porém, abandonar de forma leviana também a tese fundamental de Darwin. "Não esqueças", diz Strauss, "em nenhum momento, que és um ser humano e não um mero ser natural, que todos os teus semelhantes são igualmente seres humanos, ou seja, apesar de toda diversidade individual, são iguais a ti, com idênticas necessidades e

---

49. Confira-se *Vermischte Schriften* (Miscelânea de escritos). Gotinga, 1867, v. I, p. 248.

aspirações – essa é a mais alta representação de toda moral" (p. 238). Mas de onde provém esse imperativo? Como pode o homem tê-lo em si se, segundo Darwin, ele é um ser inteiramente natural e evoluiu até o nível mais alto da sua espécie de acordo com leis totalmente distintas, precisamente porque ele se esqueceu, a cada momento, de que os demais seres de sua espécie teriam direitos iguais a ele, precisamente porque ele sentiu a si mesmo como o mais forte e porque causou gradativamente a ruína de outros exemplares mais fracos da espécie. Se por um lado Strauss se vê forçado a admitir que jamais existiram dois seres completamente iguais e que toda evolução do homem desde o nível animal até a mais elevada cultura filisteia dependeu da lei da diferença individual, por outro lado, contudo, não custa para ele o menor esforço proclamar também o contrário: "porte-se como se não houvesse nenhuma diferença individual!". Onde foi parar, nesse ponto, a doutrina moral Strauss-Darwin, onde foi parar, no geral, a coragem!

Logo a seguir recebemos uma nova prova dos limites nos quais aquela coragem transforma-se em seu oposto. Pois Strauss continua: "não se esqueça em nenhum momento de que tu e tudo aquilo que percebes em teu interior e ao teu redor não são um fragmento desconexo, um caos selvagem de átomos e casualidades, porém que todas as coisas emanam conforme leis eternas da fonte única e primordial de toda vida, de toda razão e de todo bem – essa é a quintessência da religião". Daquela "fonte única e primordial" fluem também, ao mesmo tempo, toda ruína, todo desatino e todo mal, e em Strauss essa fonte recebe o nome de

Universo. Como é possível conferir uma veneração religiosa e permitir o tratamento por "Deus" a um Universo que possui um caráter de tal maneira contraditório e que se autossuprime, como faz Strauss cabalmente à p. 365: "nosso Deus não nos toma do exterior em seus braços" (esperar-se-ia aqui, certamente, como uma contraposição, um tomar nos braços a partir de dentro, o que seria muito estranho!), "antes, ele abre fontes de consolação em nosso interior. Ele nos mostra que o acaso seria, certamente, um soberano irracional do mundo, e que a necessidade, ou seja, o encadeamento das causas no mundo, é a própria razão" (uma astúcia que não é notada apenas pelos "nós" de Strauss, porque eles foram criados nessa adoração hegeliana do real como o racional, ou seja, na *divinização do êxito*). "Ele nos ensina a reconhecer que solicitar uma exceção ao cumprimento de uma única lei da natureza, seria o mesmo que solicitar a destruição do todo." Pelo contrário, senhor mestre: um pesquisador da natureza honesto acredita na incondicional regularidade das leis do mundo, sem, contudo, pronunciar o menor juízo acerca do valor ético ou intelectual de tais leis: e reconheceria em tais pronunciamentos a extrema conduta antropomórfica de uma razão que não se detém nos limites do permitido. Mas justo nesse ponto, no qual o pesquisador honesto da natureza se resignaria, Strauss, para nos adornar com suas plumas, "reage religiosamente" e se comporta de maneira desonesta com as ciências da natureza e com o saber; ele supõe, sem impor nenhuma restrição, que todo acontecer possui *o mais elevado* valor intelectual e que, por conseguinte,

*DAVID STRAUSS, O CONFESSOR E O ESCRITOR* 59

seria absolutamente ordenado de forma racional e teleológica e que, ademais, encerra uma revelação da própria bondade eterna. Ele necessita, portanto, de uma cosmodiceia completa e, assim, encontra-se em desvantagem em relação àquele que se contenta com uma teodiceia e que pode, por exemplo, conceber toda a existência do homem como um castigo ou estado de purificação. Nesse ponto e nesse estado de embaraço, Strauss produz até mesmo uma hipótese metafísica, a mais árida e embaraçosa que existe, e, no fundo, apenas uma paródia involuntária de uma frase de Lessing. "Aquela outra frase de Lessing:" (assim nos fala à p. 219) "se Deus lhe desse a escolher, em sua mão direita toda verdade, e em sua mão esquerda tão somente o inextinguível impulso à verdade ainda que sob a condição de errar constantemente, ele cairia humildemente sobre a mão esquerda de Deus e imploraria o conteúdo dessa mão para si – essa frase de Lessing tem sido considerada desde sempre como uma das mais esplêndidas que ele nos deixou. Nela se encontra a expressão genial de sua incansável disposição à pesquisa e à atividade. Em mim essa frase sempre produziu uma impressão toda especial, porque eu ouço ressoar sob seu significado subjetivo um objetivo de alcance infinito. Pois não estaria nela a melhor resposta àquelas palavras grosseiras de Schopenhauer sobre o Deus mal aconselhado, que não soube fazer coisa melhor do que intervir nesse mundo miserável? Como se o próprio criador fosse da opinião de Lessing e tivesse preferido a luta à posse tranquila?" Portanto, na verdade, um Deus que reserva para si o *errar constan-*

60             *FRIEDRICH NIETZSCHE*

*temente*, porém com a aspiração pela verdade, e que talvez até mesmo tenha tomado humildemente a mão esquerda de Strauss para dizer-lhe: "toma você a verdade inteira". Se alguma vez existiram um Deus e um homem mal aconselhados, esses são o Deus strausseano, que possui o diletantismo para errar e se equivocar, e o homem strausseano, que é obrigado a expiar por tal diletantismo – ali se ouve, com certeza, "soar um significado de alcance infinito", ali flui o strausseano óleo universal suavizante, ali se vislumbra a racionalidade de todo devir e de todas as leis da natureza! Realmente? Não seria o nosso mundo, ao contrário, como o manifestou uma vez Lichtenberg, a obra de um ser subordinado, de um ser que não entendera corretamente as coisas, portanto, uma tentativa? Por conseguinte, um ensaio no qual ainda se continua trabalhando?[50] O próprio Strauss deveria então admitir que nosso mundo *não* seria propriamente o cenário da razão, porém do erro, e que toda regularidade das leis não encerra nenhum consolo, pois todas as leis foram dadas por um Deus que erra e, ademais, erra por divertimento. Trata-se realmente de um espetáculo divertido ver Strauss como um mestre de obras metafísico edificando até as nuvens. Mas para quem é encenado esse espetáculo? Para os nobres e acomodados "nós", apenas para que eles não percam o humor: talvez eles tenham sentido medo em meio às rígidas e implacáveis engrenagens da máquina do mundo e, com voz trêmula, tenham pedido ajuda ao seu chefe. Por isso Strauss deixara fluir

---

50. Idem, v. I, p. 90.

"óleo suavizante", por isso ele conduz em cordas um Deus que erra por paixão, por isso ele representa o papel inteiramente desconcertante de um arquiteto metafísico. Ele faz todas essas coisas porque eles têm medo e ele próprio sente medo – e aqui precisamente se encontra o limite de sua coragem, inclusive diante de seus "nós". Ele não ousa, com efeito, dizer honestamente a eles: eu os livrei de um Deus que ajuda e se compadece, o "Universo" é apenas uma rígida engrenagem, fiquem atentos para que suas rodas não os triturem! Ele não ousa isso: por conseguinte, tem que entrar em cena a bruxa, a saber, a metafísica[51]. Mas o filisteu prefere mesmo uma metafísica strausseana a uma cristã, e a ideia de um Deus simpático que erra à de um que faz milagres. Pois ele próprio, o filisteu, erra, porém nunca fez um milagre.

Exatamente por esse motivo o gênio é odiado pelo filisteu: pois precisamente o gênio tem, com justiça, a fama de fazer milagres; e, por isso, é altamente instrutivo conhecer o motivo pelo qual Strauss, em uma única passagem, se apresenta como defensor destemido do gênio e, de forma geral, da natureza aristocrática do espírito. Por que motivo? Por medo, e sem dúvida por medo dos social-democratas. Ele se refere aos Bismark, aos Moltke, "cuja grandeza está para ser negada, tanto menos quanto ela se manifesta no campo dos feitos externos e palpáveis. Ali, até mesmo os mais inflexíveis e rústicos entre aqueles companheiros têm que

---

51. Citação irônica do verso 2365 do *Fausto*, cena da "Cozinha da bruxa".

consentir em olhar um pouco acima, para conseguir divisar aquelas figuras sublimes ao menos até os joelhos". Senhor mestre, o senhor quer, por acaso, instruir os social-democratas na arte de receber pontapés? De fato, gente interessada em distribuí-los se encontra em toda parte, e com tal procedimento o senhor pode assegurar que aqueles que recebem os pontapés chegam a divisar as figuras sublimes "até os joelhos". "Também no campo da arte e da ciência", prossegue Strauss, "não faltarão jamais reis construtores, os quais dão o que fazer a uma multidão de carreteiros." Bem – mas se agora os carreteiros constroem? Isso ocorre, senhor *Metaphysicus*, o senhor o sabe –, então os reis devem rir[52].

De fato, essa confluência de atrevimento e fraqueza, de palavras audaciosas e acomodação covarde, essa fina ponderação sobre como e com que frases se pode algumas vezes se impor sobre os filisteus e em outras afagá-los, essa falta de caráter e de força com aparência de força e caráter, essa carência de sabedoria com toda afecção de superioridade e de uma madura experiência – tudo isso é o que eu odeio nesse livro. Quando eu penso que existem homens jovens capazes de suportar tal livro, e até mesmo de estimá-lo, então me vejo levado, com tristeza, a renunciar às minhas esperanças por seu futuro. Essa confissão de um filisteísmo lastimável, sem esperanças e verdadeiramente despre-

---

52. Inversão de um epigrama de Schiller intitulado "Kant e seus intérpretes", da coletânea *Xenien* de Goethe e Schiller, de 1796, no qual se lê: "Como um único rico dá de comer a tantos mendigos! Quando os reis constroem, os carreteiros têm o que fazer."

zível seria a expressão daqueles muitos milhares de "nós" dos quais fala Strauss, e esse "nós" seria, por sua vez, os pais da próxima geração! Essas são pressuposições pavorosas para aqueles que desejam ajudar essa geração vindoura a conseguir o que a presente não tem – uma verdadeira cultura alemã. Para aquele que possui tais desejos, o solo parece coberto de cinzas e todos os astros escurecidos; cada árvore morta, cada campo devastado lhe grita: estéril! perdido! Aqui não haverá mais primavera alguma! Ele deverá ser tomado pelo mesmo sentimento que assaltou o jovem Goethe, quando olhou o interior da triste seminoite ateísta do *Système de la nature*: o livro lhe pareceu tão cinzento, tão quimérico, tão cadavérico, que ele precisou encontrar coragem para suportar sua presença, que ele sentiu um calafrio diante dele como se estivesse diante de um fantasma[53].

## 8

Nós estamos suficientemente informados sobre o céu e a coragem do novo crente para podermos colocar também a última pergunta: como ele escreve seus livros? E de que espécie são as escrituras que certificam sua religião?

Para quem é capaz de responder a essa pergunta com rigor e sem prejuízos, se apresenta como um problema que exige muita reflexão o fato de terem sido pu-

---

53. Cf. Goethe, *Poesia e verdade*, 3ª Parte, Livro XI.

blicadas seis edições do strausseano oráculo-manual[54] dos filisteus alemães, especialmente se ele ainda ouve que também nos círculos eruditos e até mesmo nas universidades alemãs esse livro é recebido com aquele prestígio de oráculo-manual. Que os estudantes o tenham saudado como um cânon para espíritos fortes, e que os professores não tenham apresentado resistência a ele. Isso ocorre porque, tanto num caso como no outro, existe realmente uma vontade de encontrar um *livro religioso para os eruditos*. Strauss mesmo dá a entender que o livro de confissões *não* pretende oferecer uma informação *somente* aos doutos e eruditos; embora aqui nós asseguremos que ele se dirige primeiramente a eles e, preferencialmente, sem dúvida, aos doutos, com o intuito de colocar diante deles o espelho de uma vida, tal qual eles mesmos vivem. Pois esta é a artimanha: o mestre se apresenta como se estivesse esboçando o ideal de um novo modo de considerar o mundo, e, então, de todas as bocas retornam para ele os elogios, porque cada um pode entender que também considera o mundo e a vida daquela forma, e que precisamente neles Strauss pode ver cumpridas aquelas coisas que inicialmente eram exigidas somente para o futuro. Assim se explica também em parte o êxito extraordinário desse livro: pois o douto replica a Strauss o que se encontra escrito no livro, nós vivemos e seguimos agraciados pela vida!, e se alegra pelos outros se alegrarem com isso. Se por acaso sobre coisas específicas, como

---

54. Nietzsche compara o livro de Strauss ao *Oráculo manual*, de Baltasar Gracián.

Darwin ou a pena de morte, ele pensa de modo diferente de seu mestre, isso é totalmente indiferente para ele, pois se sente seguro de que no conjunto está respirando o mesmo ar e ouvindo o eco de *sua* própria voz e de *suas* próprias necessidades. Essa unanimidade pode produzir uma impressão muito penosa para todo amigo verdadeiro da cultura alemã, no entanto, ele tem o dever de tentar incansavelmente explicar tal fato e de não se esquivar mesmo de apresentar publicamente sua explicação.

Todos conhecemos, com efeito, o modo peculiar como são cultivadas as ciências em nossa época[55], nós o conhecemos, porque nós o vivemos: e exatamente por isso quase ninguém se coloca a pergunta sobre o que tal forma de se ocupar com as ciências poderia resultar para a cultura, mesmo supondo que por toda parte existam a melhor capacidade e o mais honesto desejo de atuar em favor da cultura. Encontra-se, pois, no modo de ser do homem de ciência (abstraindo-se por completo de sua figura atual), um verdadeiro paradoxo. Ele se porta como o mais orgulhoso dos ociosos favorecidos pela sorte, como se para ele a existência não fosse uma coisa incurável e que dá o que pensar, porém uma fortaleza, com garantia de durar eternamente. A ele parece ser permitido dilapidar a vida em perguntas, cujas respostas, no fim das contas, seriam importantes apenas para quem tivesse uma eternidade garantida. Ao redor desse herdeiro de poucas horas,

---

55. A esse respeito, confira-se o fragmento 28 [1] escrito entre a primavera e o outono de 1873.

encontram-se os precipícios mais horrendos, assim, cada passo deveria fazê-lo lembrar: Para quê? Para onde? De onde? Mas sua alma se exalta com a tarefa de contar os estames de uma flor ou de golpear as pedras à margem do caminho, e afunda nesse trabalho todo o peso de seus interesses, disposição, força e avidez. Esse paradoxo ocorreu recentemente na Alemanha, o homem de ciência deu lugar a uma pressa, como se a ciência fosse uma fábrica, e como se cada minuto perdido acarretasse em um castigo para ele. Agora ele trabalha de forma tão dura quanto a quarta classe, a classe escrava, seu estudo não é mais uma atividade, mas uma penosa necessidade, ele não olha nem para a direita nem para a esquerda e caminha pelo meio de todas as suas ocupações profissionais do mesmo modo que por entre todas as coisas que dão o que pensar e que levam a vida em seu seio, com a mesma semiatenção ou com o mesmo repugnante impulso contrário que são próprios do trabalhador extenuado.

*Essa é também sua atitude para com a cultura.* Ele se comporta como se a vida fosse para ele apenas um *otium*, porém *sine dignitate* (*ócio, porém sem dignidade*)[56], e nem mesmo em sonho ele lança fora seu jugo, como um escravo que, mesmo em liberdade, sonha com sua penúria, com suas correrias e com seus castigos. Nossos doutos se diferenciam apenas dos trabalhadores do campo, contudo, não a seu favor, pois aqueles trabalham assiduamente de manhã até a noite, a cultivar o

---

56. Ironia construída a partir da expressão de Cícero "*otium cum dignitate*" (ócio com dignidade). In: *De Oratore* I, 1.

*DAVID STRAUSS, O CONFESSOR E O ESCRITOR*

campo, a conduzir o arado, a gritar com o gado, com um propósito, a saber, de aumentar um pouco uma propriedade herdada. Ao passo que, como entende Pascal[57], os homens exercerem tão solicitamente seus negócios e sua ciência apenas com o propósito de fugir das questões mais importantes, que os importunariam a cada solidão, a cada verdadeiro momento de ócio, precisamente daquelas perguntas acerca do por quê, de onde, para onde. De modo surpreendente, não ocorre aos nossos doutos nem sequer a pergunta mais imediata: para que serviriam seu trabalho, sua pressa, seu doloroso frenesi. Não seria para ganhar o seu pão ou para conseguir postos honoríficos? Não, na verdade não. Porém, vocês se afadigam do mesmo modo que os miseráveis e famintos, pois vocês retiram a comida da mesa da ciência com uma impaciência e sem nenhuma escolha, como se vocês estivessem a ponto de morrer de fome. No entanto, se vocês, como homens de ciência, procedem com a ciência como os trabalhadores com os afazeres que lhes impõem suas necessidades e as exigências da vida, o que será de uma cultura que está condenada a esperar pelo momento de seu nascimento e redenção justamente na presença de uma cientificidade agitada, sem fôlego, ocupada em correr de um lado para outro? Ninguém tem tempo para a cultura – e para que serve *enfim* a ciência se ela não tem tempo para a cultura? Assim, nós respondemos aqui ao menos à pergunta: de onde, para onde, para que toda ciên-

---

57. Diversos fragmentos dos *Pensées*, de Pascal, que Nietzsche conhecia muito bem, podem ter inspirado essas observações sobre as ciências como "distração" ou "divertimento".

cia se ela não conduz à cultura? Seria então, talvez, à barbárie! E nós vemos o estamento douto avançando de forma assustadora nessa direção, isso se nós nos permitirmos entender que livros tão superficiais como o strausseano correspondem suficientemente ao nível atual de cultura. Pois precisamente nesse livro encontramos aquele repugnante impulso ao esmorecimento e aquela ocasional e semidistraída autossatisfação com a filosofia e com a cultura e, em geral, com todas as coisas sérias da existência. Com ele também vêm à lembrança as reuniões da sociedade dos estamentos doutos, quando nelas a conversação sobre temas específicos silencia, dando testemunho simplesmente de esgotamento, de disposição para a dispersão a todo custo, e também de uma memória esfarrapada e de uma experiência de vida incoerente. Quando se ouve Strauss falar sobre as questões relativas à vida, seja sobre os problemas do casamento ou sobre a guerra, ou a pena de morte, causa espanto a sua carência de qualquer experiência efetiva, de qualquer olhar originário para dentro do homem: todo juízo encontrado ali apresenta uma uniformidade livresca, no fundo, apenas uma uniformidade de jornal; as reminiscências literárias ocupam o lugar das ocorrências e experiências efetivas, um comedimento e uma precocidade afetada no modo de se expressar pretendem compensar a falta de sabedoria e de amadurecimento do pensar. Quão exatamente isso tudo é condizente com o espírito reinante nas ruidosas sedes da ciência alemã nas grandes cidades. Com que simpatia esse espírito deve dialogar com aquele espírito do livro de Strauss, uma vez que é

*DAVID STRAUSS, O CONFESSOR E O ESCRITOR*

precisamente naqueles locais que a cultura mais frequentemente se extravia, precisamente neles se torna impossível o germinar de uma nova cultura; assim como na sede das ciências são ruidosos os preparativos para as ciências que ali se cultivam, também no livro de Strauss tem-se o tropel das disciplinas mais populares às expensas das mais importantes. Com que lanterna se deveria aqui procurar um homem que fosse capaz de um mergulho interior e de uma pura entrega ao gênio, e que tivesse a coragem e a força suficiente para convocar os demônios que foram banidos de nosso tempo! Contemplando de fora, observa-se com certeza naqueles locais toda a pompa da cultura que, com seus imponentes aparatos, se assemelha aos arsenais bélicos com suas monstruosas peças de artilharia e artefatos de guerra. Nós ali vemos preparativos e uma atividade febril, como se fosse o caso de se tomar o céu de assalto e extrair a verdade do poço mais profundo, sem esquecer, porém, que na guerra as maiores máquinas podem ser as mais mal utilizadas. Conquanto, com o tempo, em sua luta a verdadeira cultura abandona aqueles locais com a sensação, segundo os melhores instintos, de que ali não há para ela nada a esperar e sim muito a temer. Pois a única forma de cultura, com a qual gostam de se ocupar os olhos inflamados e o embotado órgão do pensar dos eruditos trabalhadores daqueles estamentos, é precisamente aquela *cultura filisteia*, cujo Evangelho foi preconizado por Strauss.

Caso consideremos por um instante os principais motivos daquela simpatia que liga o estamento dos operários eruditos e a cultura filisteia, nós encontraremos também o caminho que nos conduz ao *escritor* reconhecido como clássico, Strauss, e com isso ao nosso último tema capital.

Essa cultura possui, em primeiro lugar, a expressão de satisfação no semblante e não quer que se efetue nenhuma mudança substancial no atual estado da formação alemã; antes de tudo, ela está honestamente convencida da singularidade de todas as instituições educacionais alemãs, em especial do ensino médio e das universidades, não deixando de recomendá-las ao estrangeiro, sem a menor dúvida de que, graças a elas, se teria obtido o povo mais instruído e criterioso do mundo[58]. A cultura filisteia acredita em si e, por conseguinte, também nos métodos e meios que estão à sua disposição. Em segundo lugar, contudo, ela deixa nas mãos do douto a tarefa de emitir os juízos mais elevados sobre todas as questões relativas à cultura e ao gosto, e considera a si mesma como a sempre crescente compilação de opiniões dos doutos sobre arte, literatura e filosofia; sua preocupação é a de forçar os doutos a expressar suas opiniões, e então apresentá-las ao povo alemão, como uma poção salvadora, de forma confusa, diluída ou sistematizada. O que cresce fora desse círculo é logo ouvido com um desconfiado semi-interesse, ou sequer ouvido, é logo notado, ou sequer notado, até que finalmente uma voz se faz escutar a respeito, não importa de quem seja aquela voz, contanto apenas que quem fala tenha em si, em sentido rigoroso,

---

58. Cf. *Sobre o futuro dos nossos estabelecimentos de ensino*, em especial a 2ª Parte.

*DAVID STRAUSS, O CONFESSOR E O ESCRITOR*　71

o caráter próprio do douto, uma voz vinda daqueles templos nos quais estaria abrigada a tradicional infalibilidade do gosto: e então, a partir desse momento, a opinião pública tem mais uma opinião e repete com cem ecos a voz daquele indivíduo que ali falou. Na realidade, porém, a infalibilidade estética que se encontraria abrigada nesses ambientes e com aqueles indivíduos é algo muito duvidoso e, com efeito, tão duvidoso que alguém pode ser convencido da falta de gosto, da falta de ideias e da rudeza estética de um douto quando ele não tenha provado o contrário. E apenas alguns poucos poderiam provar o contrário. Pois, quantos são aqueles que, após terem tomado parte da aflitiva e ofegante carreira competitiva da ciência atual, poderiam preservar ao menos aquele olhar corajoso e sereno dos combatentes homens da cultura, se é que alguma vez eles chegaram a possuí-lo, aquele olhar que condenaria esta correria competitiva mesma como um elemento barbarizador? Por isso, os poucos que conservam tal olhar devem viver doravante em uma contradição, pois o que eles poderiam fazer diante da fé uniforme de um sem-número de pessoas que indistintamente fizeram da opinião pública o seu patrono protetor e que se sustentam nessa fé ao mesmo tempo que se apoiam nela? O que adianta um desses indivíduos se declarar contra Strauss se tantos outros se decidiram a favor dele, e a massa conduzida por eles aprendeu a desejar seis vezes seguidas o sonífero filisteu desse mestre.

Se de nossa parte aceitamos aqui sem restrições que o livro strausseano de confissões foi aclamado como vitorioso pela opinião pública, o seu autor, por seu lado,

talvez nos fizesse observar que as variadas manifestações sobre seu livro nos periódicos não possuem um
caráter unânime em relação a ele e muito menos um caráter incondicionalmente favorável, e que ele mesmo
fora obrigado a protestar, em um epílogo[59], contra o tom
às vezes extremamente hostil dessas manifestações, e
até contra os modos atrevidos e insolentes de alguns
desses paladinos de periódicos. Como pode haver uma
opinião pública favorável ao meu livro, gritaria ele
para nós, se todo jornalista se permite considerar-me
um fora da lei e destratar-me à vontade! Essa contradição é facilmente dissipada tão logo se faça a distinção
entre dois aspectos do livro strausseano, um teológico
e um literário. Somente por esse último aspecto se re-
laciona esse livro com a cultura alemã. Por sua colo-
ração teológica ele se encontra fora de nossa cultura
alemã e suscita as antipatias dos diferentes partidos
teológicos, mais ainda, de cada alemão em particular,
na medida em que cada alemão é um sectário por
natureza em termos teológicos e inventa sua curiosa
fé privada com o único propósito de poder dissentir de
todas as outras crenças. Porém, tão logo esses sectá-
rios teológicos ouvem falar sobre Strauss, tão logo se
torna necessário falar sobre o *escritor* Strauss; imediatamente se dissipa o ruído das dissonâncias teológicas
e, em uma harmonia pura, como se saindo da boca de
*uma única* comunidade, ressoa: ele continua sendo,
contudo, um *escritor clássico*! Todos, inclusive o orto-

---

59. Strauss publicara no começo de 1873 um adendo ao seu livro
na forma de um *Epílogo*.

*DAVID STRAUSS, O CONFESSOR E O ESCRITOR*

73

doxo mais arraigado, apresentam diante dele seus máximos cumprimentos, ainda que seja apenas uma frase sobre sua dialética quase à maneira de Lessing ou sobre a finura, a beleza e a precisão de suas opiniões estéticas. Ao que parece, como livro, o produto strausseano corresponde exatamente ao ideal de um livro. Os adversários teológicos, embora tenham sido os que mais ruidosamente protestaram, correspondem apenas a uma pequena parte do grande público: e em relação a eles Strauss teria mesmo razão quando diz: "Em comparação com os milhares de meus leitores, as poucas dúzias daqueles que me repreendem publicamente são uma ínfima minoria, e dificilmente poderiam, a rigor, demonstrar que são os fiéis intérpretes dos primeiros. Se em um assunto como este a maioria dos que tomaram a palavra foram os que não concordam, e se os que concordam contentaram-se com uma aprovação silenciosa, isso se deve à natureza das circunstâncias que todos nós já conhecemos." Portanto, excetuando os escândalos que a confissão teológica de Strauss tenha suscitado aqui e ali, predomina a unanimidade sobre o *escritor* Strauss, mesmo entre os opositores mais fanáticos, para quem a sua voz soa como a voz de um animal que saiu do abismo[60]. E com isso se comprova que o tratamento que Strauss experimentou junto àqueles serviçais da literatura, vinculados aos

---

60. "A voz da besta que ascende do abismo" é a voz do Anticristo (cf. Apocalipse 11, 7). Em certa ocasião Strauss havia se qualificado como Anticristo. Os teólogos, aos quais Nietzsche se refere, não devem ter deixado de notar a citação bíblica.

partidos teológicos, não se opõe à nossa tese de que a cultura filisteia celebra um triunfo nesse livro.

É preciso admitir que, na média, o filisteu culto é um grau menos franco que Strauss, ou ao menos é mais reservado em manifestações públicas. Para ele, contudo, essa franqueza é bem mais tolerada em outra situação; em casa e entre seus pares, onde ele bate palmas, inclusive de maneira ruidosa, e apenas por escrito não gosta de confessar que todas as coisas que Strauss disse se encontram plenamente de acordo com seu próprio coração. Pois nosso filisteu culto é um tanto covarde, como nós já sabemos, até mesmo com os que são mais simpáticos a eles: e é precisamente o fato de Strauss ser em um grau um pouco menos covarde que o torna um líder, embora, por outro lado, também para *sua* coragem exista um limite muito bem determinado. Se ele atravessasse *esse limite*, como faz, por exemplo, Schopenhauer em quase todas as suas frases, então ele não marcharia mais à frente dos filisteus como um chefe, e as pessoas correriam dele da mesma forma como agora correm atrás dele. Estaria seguramente cometendo um erro quem quisesse considerar como uma virtude aristotélica essa *mediocritas* de coragem, que se não é sábia, em todo caso, é esperta: pois aquela coragem não é o meio-termo entre dois vícios, mas entre uma virtude e um vício – e nesse meio, entre a virtude e o vício, encontram-se *todas* as qualidades do filisteu.

## 9

"Ele se mantém, contudo, como um escritor clássico!" Vamos conferir isso neste momento.

Talvez fosse permitido, agora, de imediato, falar sobre Strauss, o estilista e artista do idioma, antes disso, porém, nos permitimos ponderar, por uma vez ainda, se ele está em condições de construir sua casa como escritor e se entende de fato da arquitetura dos livros. Com isso será possível averiguar se ele é um produtor de livros ordenado, discreto e experimentado; e, caso tivéssemos de responder a essa pergunta com um não, ainda assim restaria a ele sempre, como um último refúgio, a sua pretensão de ser um "prosador clássico". Essa última capacidade sem a primeira não seria suficiente para elevá-lo à condição de escritor clássico, porém ao grau mais elevado do improvisador clássico ou do virtuoso do estilo, de tal modo que, apesar de toda habilidade de expressão, seria transparecer, no conjunto da obra e no traçado do edifício, a mão desajeitada e os olhos atrapalhados dos ignorantes. O que perguntamos, portanto, é se Strauss possui a força artística para estabelecer uma totalidade, *totum ponere*[61].

Geralmente, já nos primeiros traços de um escrito pode-se reconhecer se o seu autor intuiu uma totalidade, se essa intuição se encontra em conformidade com o andamento geral da obra e se ele encontrou as medidas exatas para o seu propósito. Tendo terminado

---

61. A expressão é de Horácio, *Epistola ad Pisones* (*Ars Poetica*), verso 34.

76 FRIEDRICH NIETZSCHE

essa tarefa importantíssima e erguido o edifício mesmo em proporções adequadas, resta ainda, contudo, muito a ser feito: quantos pequenos defeitos estão por corrigir, quantas lacunas por preencher, aqui e ali foi necessário contentar-se momentaneamente com um tabique provisório ou com um piso falso, por todas as partes têm pó e entulho, e para onde você[62] olha, você nota os vestígios de precariedade e labuta; enquanto totalidade, a casa continua inabitável e inóspita: todas as paredes estão desnudas e o vento sibila pelas janelas abertas. Não nos interessa saber se Strauss realizou um trabalho grande, fatigante e que ainda está por ser concluído, quando perguntamos se ele apresentou a construção em boas proporções e num conjunto harmonioso. O contrário disso, como se sabe, é compor um livro em partes soltas, como é a maneira de fazê-lo dos doutos. Eles acreditam que tais peças tenham uma ligação entre si e confundem, desse modo, nexo lógico e nexo artístico. Em todo caso, não é lógica a relação entre as quatro perguntas capitais que dão título às partes do livro strausseano: "Somos ainda cristãos? Temos ainda religião? Como concebemos o mundo? Como ordenamos nossa vida?"; e não é lógica porque a terceira pergunta não tem nada a ver com a segunda, nem a quarta com a terceira nem essas três com a pri-

---

62. Traduzimos por "você" o termo utilizado por Nietzsche, que é "*du*", literalmente o "tu", na língua portuguesa. Essa opção se deve ao significado de tratar alguém por "*du*" em alemão, "*duzen*", que é próximo à informalidade que temos com o tratamento por você, em oposição ao tratamento por senhor, que Nietzsche não confere aos seus adversários nesse momento.

*DAVID STRAUSS, O CONFESSOR E O ESCRITOR* 77

meira. Por exemplo, o pesquisador da natureza que apresenta a terceira questão mostra seu imaculado sentido de verdade, justamente pelo fato de passar calado pela segunda; e o próprio Strauss parece compreender que os temas da quarta parte do livro: o casamento, a república, a pena de morte, seriam confundidos e obscurecidos pela intromissão das teorias darwinistas procedentes da terceira parte, pois efetivamente ele não toma em consideração aquelas teorias. Mas a pergunta: somos ainda cristãos? corrompe de imediato a liberdade da consideração filosófica e confere a ela um desagradável colorido teológico; ademais, nesse ponto Strauss esqueceu por completo que a maior parte da humanidade ainda hoje é budista e não cristã. Como pode alguém pensar apenas no cristianismo ao usar a expressão "antiga fé"! Aqui se torna evidente que Strauss nunca deixou de ser um teólogo cristão e, por conseguinte, não aprendeu a tornar-se filósofo, assim ele nos surpreende novamente por sua incapacidade de diferenciar entre crer e saber e por nomear constantemente num único fôlego aquilo que chama de "nova fé" e a ciência moderna. Ou a expressão "nova fé" seria apenas uma acomodação irônica ao uso corrente da língua? Parece quase ser o caso quando nós vemos que aqui e ali ele deixa que as expressões "nova fé" e "nova ciência" se substituam harmoniosamente uma à outra, por exemplo, na página 11, onde ele pergunta de que lado existem "mais obscuridades e insuficiências, sempre inevitáveis nas coisas humanas", se na velha fé ou na ciência moderna. Além disso, com o esquema que aparece na introdução ele quer indicar as provas sobre as quais se assenta a forma moderna de considerar o mundo: todas essas provas, no entanto, ele empresta da ciência e também aqui ele se comporta inteiramente como um homem do saber, e não como um homem de fé.

No fundo, portanto, a nova religião não é uma nova fé, porém ela coincide com a ciência moderna e, portanto, como tal, não é uma religião. E se Strauss, apesar de tudo, afirma ter uma religião os motivos disso se encontram à margem da ciência moderna. Somente a menor parte do livro de Strauss, nomeadamente, somente umas poucas páginas dispersas tratam do que Strauss com direito poderia denominar de uma fé: a saber, aquela sensação do todo, para a qual Strauss exige a mesma piedade que o devoto do velho estilo tinha para com seu Deus. Ao menos nessas páginas as coisas procedem de maneira absolutamente não científica; contudo, poderiam proceder ainda com um pouco mais de vigor, de natureza e de dureza e, no geral, com um pouco mais de fé! Precisamente o que mais surpreende é notar os procedimentos tão artificiosos com os quais nosso autor chega ao sentimento de que ele possui uma fé e uma religião: por meio de beliscões e golpes, como nós já vimos. A fé que emana daí é pobre e debilitada, uma fé que precisa de estimulantes: o ato de vê-la nos produz calafrios.

No plano de sua introdução, Strauss prometeu realizar uma comparação para saber se essa nova fé proporciona também aos seus crentes os mesmos serviços que a fé no velho estilo proporcionava aos crentes da velha fé, porém, ao final ele mesmo tem a sensação de

# DAVID STRAUSS, O CONFESSOR E O ESCRITOR

ter prometido em demasia. Pois essa última questão, se a nova fé desempenha a mesma função e se é melhor ou pior que a antiga, é encerrada por ele de maneira totalmente acidental e com uma pressa espantosa em um par de páginas (pp. 366 ss.), perdendo inclusive o passo em uma ocasião ao afirmar: "nenhuma ajuda deve ser prestada a quem aqui não sabe ajudar a si mesmo, o qual não está maduro para nossa posição" (p. 366). Com que veemência de convicção os estoicos antigos, ao contrário, acreditavam no todo e na racionalidade do Universo! E em qual luz, considerada desse modo, brilha a pretensão de originalidade de sua fé, como é reivindicada por Strauss? Porém, como foi dito, o fato de essas coisas serem novas ou velhas, originais ou imitações, poderia ser indiferente, conquanto fossem conduzidas de maneira vigorosa, saudável e natural. O próprio Strauss sempre que pode abandona essa fé de ocasião, obtida por destilação, para compensar, a nós e a si mesmo, com sua erudição e para, com uma consciência tranquila, presentear os seus "nós" com seus conhecimentos científico-naturais recém-aprendidos. Se ele fica receoso quando fala da fé, ao contrário, sua boca fica redonda e cheia quando cita o benfeitor máximo de toda a nova humanidade, Darwin: então, Strauss exige fé não somente para o novo Messias, mas também para si mesmo, o novo apóstolo, por exemplo, quando em uma ocasião, ao tratar do tema mais intrincado da ciência natural, proclama, com um orgulho verdadeiramente antigo: "alguém poderá me dizer que eu falo de coisas que não entendo. Bem, mas virão outros que entenderão a elas e também a mim".

Nesse ponto, chega a parecer como se os famosos "nós" teriam de crer não apenas no Universo, mas também no investigador da natureza Strauss; nesse caso, a única coisa que desejaríamos seria esta, que para chegar a sentir essa nova fé não fossem necessários procedimentos tão penosos e violentos como os que foram exigidos para chegar à primeira. Ou seria por acaso suficiente que aqui se belisque e se espete o objeto da fé e não o crente para conferir aos crentes aquela "reação religiosa" que é a marca da "nova fé"? Que grande serviço nós prestaríamos então à religiosidade daqueles "nós"!

Aliás, seria quase temerário que os homens modernos fossem avançando sem se preocupar com esse acessório da fé religiosa que é o apóstolo: da mesma maneira que têm avançado, até agora, sem a tese da racionalidade do Universo. Toda investigação moderna da natureza e da história não tem nada a ver com a fé strausseana no Universo, e que o filisteu moderno não precisa dessa crença, mostra-o precisamente a descrição da vida do filisteu moderno, que Strauss faz na seção intitulada: "como ordenamos nossa vida?". Ele tem razão, portanto, em duvidar que "o veículo ao qual seus estimados leitores têm que confiar-se cumpre todos os requisitos". Esse veículo não os atende de forma correta: pois o homem moderno avança mais rapidamente se não toma assento nesse veículo strausseano – ou, mais acertadamente: ele avançou rapidamente, muito antes de existir esse veículo strausseano. E se fosse verdade que a famosa "minoria que não cabe omitir", acerca da qual e em nome da qual fala Strauss, "man-

*DAVID STRAUSS, O CONFESSOR E O ESCRITOR*

tém grande apreço pela coerência lógica", então ela deveria estar tão insatisfeita com o construtor de veículos Strauss quanto nós estamos com o lógico Strauss.

Mas deixemos de apreciar, em todo caso, o aspecto lógico: talvez considerado artisticamente o livro inteiro possua uma forma bem engenhosa e responda às leis da beleza, já que não corresponde a um esquema de pensamento bem elaborado. E aqui, após reconhecermos que ele não tem se comportado como um douto em termos científicos, capaz de se exprimir com rigor e de forma sistemática, chegamos à questão se Strauss seria um bom escritor.

Talvez a única tarefa que Strauss tenha se proposto não seja tanto a de se afugentar da "antiga fé", mas antes de seduzir seus interlocutores por meio de uma pintura simpática e colorida de uma vida domiciliada na nova maneira de considerar o mundo. De fato, se Strauss pensou nos doutos e instruídos como seus leitores mais próximos, ele deveria saber, por experiência própria, que essas pessoas podem ser abatidas, é verdade, com o pesado fogo de artilharia das provas científicas, mas não podem ser forçadas a capitular, e também que elas sucumbem mais rapidamente às artes da sedução vestidas com roupas leves. Ao falar em "vestidos com roupas leves" e, com efeito, "de propósito", Strauss se refere, contudo, ao seu próprio livro; e também seus panegiristas públicos o descrevem e sentenciam como "vestidos com roupas leves", um deles, por exemplo, tomado ao acaso, circunscreve esses sentimentos da seguinte maneira: "com uma simetria encantadora vai progredindo a dissertação, e a brincar, por assim dizer, ele maneja a arte da argumentação ali onde ele se volta criticamente contra as coisas antigas e não menos onde sedutoramente prepara as coisas novas que traz, oferecendo-as tanto a um gosto pouco exigente quanto a um gosto refinado. Finamente concebida é a ordenação de uma matéria tão múltipla e heterogênea, na qual tudo foi mencionado e, contudo, nada foi desenvolvido de forma ampla; em especial as transições que conduzem de uma matéria a outra estão ajustadas artisticamente, isso se não quisermos admirar ainda mais a habilidade com a qual coisas desagradáveis são colocadas de lado ou escondidas"[63]. Também aqui se demonstra que os sentidos de tais panegíricos não são precisamente finos quanto a perceber o que, como autor, alguém *pode* fazer, porém, são muito mais finos para evidenciar o que alguém *quer* fazer. O que quer Strauss, no entanto, nos revela claramente sua enfática e não de todo harmoniosa recomendação das graças voltairianas, a serviço das quais ele pôde aprender precisamente aquelas artes "vestidas com roupas leves" das quais fala seu panegírico – isso, considerando, é claro, que a virtude seja uma coisa que se aprende[64], e que um mestre possa tornar-se alguma vez um dançarino.

---

63. Esse crítico, aqui parafraseado, é W. Lang, que publicou nos *Preussische Jahrbücher* (Anuários Prussianos), em fevereiro de 1873, uma recensão do livro de Strauss. O que mostra que Nietzsche não apenas leu o livro de Strauss, mas acompanhou de perto a sua repercussão.

64. Nietzsche torna evidente a diferença entre Strauss e Schopenhauer, para o qual "a virtude é tão pouco ensinada quanto o gênio" (*O mundo como vontade e como representação*, v. I, l. IV, seção 53).

*DAVID STRAUSS, O CONFESSOR E O ESCRITOR* 83

Quem não tem suas reservas, quando lê, por exemplo, as seguintes palavras de Strauss sobre Voltaire (p. 219 Volt.): "como filósofo, contudo, Voltaire não é original, porém, de modo geral, é um reelaborador de pesquisas inglesas: nisso, no entanto, ele se evidencia como um livre mestre da matéria, a qual ele sabe mostrar com agilidade incomparável por todos os lados e apresentar com toda iluminação possível e, com isso, sem ser rigorosamente metódico, sabe cumprir também com as exigências da racionalidade"[65]. Todos os traços negativos se confirmam, pois ninguém afirmará que, como filósofo, Strauss seja original, ou que ele seja rigorosamente metódico, porém caberia a pergunta: se nós o tomaríamos por "um livre mestre da matéria" e se reconheceríamos nele a "agilidade incomparável". A confissão de que o escrito seria "de propósito vestido com roupas leves" permite adivinhar que Strauss teria aspirado, no mínimo, a uma agilidade incomparável.

O sonho de nosso arquiteto foi o de lançar as bases, não de um templo, não de uma moradia, mas sim de uma casa de campo rodeada de toda sorte de jardins. Chega a parecer que até mesmo aquele sentimento misterioso em relação ao Universo teria sido calculado como um recurso estético de efeito, por assim dizer, como um olhar lançado ao acaso sobre um elemento irracional, ao mar, por exemplo, a partir do centro do

---

65. Trata-se de uma citação do livro de Strauss sobre Voltaire, publicado em 1870 e intitulado *Voltaire. Sechs Vorträge* (Voltaire. Seis conferências). O parágrafo citado por Nietzsche se encontra no final da Terceira Conferência.

84 *FRIEDRICH NIETZSCHE*

mais gracioso e racional terraço. A passagem pelas primeiras partes do livro, a saber, através das catacumbas teológicas, com suas trevas e com sua ornamentação retorcida e barroca, seria novamente apenas um recurso estético destinado a realçar, por contraste, a pureza, a luminosidade e a racionalidade da seção com o título "Como concebemos o mundo?": pois, logo após aquela caminhada no escuro e aquele olhar sobre a vastidão irracional, nós penetramos em uma sala com iluminação vinda de cima; austera e clara ela nos recebe, com mapas celestes e figuras matemáticas estampadas em suas paredes, repleta de instrumentos científicos, esqueletos nos armários, macacos empalhados e preparações anatômicas. A partir desse ponto, porém, caminhamos muito mais felizes e adentramos nos aposentos amplamente confortáveis de nossos moradores de casas de campo[66]; ali os encontramos com suas mulheres e filhos entre seus periódicos e discursos diários sobre política; durante algum tempo nós os escutamos falar sobre casamento e sufrágio universal, sobre pena de morte e folga dos trabalhadores, e não nos parece possível rezar mais depressa o rosário das opiniões públicas. Finalmente, nós devemos ainda nos convencer do gosto clássico dos habitantes dali: uma curta parada na biblioteca e na sala de música nos oferece a esperada informação de que nas prateleiras se encontram os melhores livros e nas estantes de música as mais

---

66. *Gartenhaus*, literalmente "casa com jardim". Trata-se das "casas de campo", usadas pelos alemães em especial no verão. Uma das mais famosas *"Gartenhaus"* é a do próprio Goethe, situada no grande parque de Weimar.

famosas partituras musicais; até mesmo tocam alguma coisa para nós, e se fosse música de Haydn, em todo caso, Haydn não tem culpa de aquilo soar como música caseira de Riehl. Nesse meio-tempo, o dono da casa teve a oportunidade de se declarar totalmente de acordo com Lessing, e também com Goethe, contudo apenas até a segunda parte do *Fausto*. Por fim, nosso proprietário de casa de campo elogia a si mesmo e reflete se não seria o caso de prestar qualquer ajuda àquele que não se apraz com sua casa, o qual não estaria maduro para sua posição; depois disso ele nos oferece seu coche, porém com a afável restrição de que não gostaria de afirmar que o mesmo corresponda a todas as exigências; e da mesma forma nos adverte que as pedras teriam sido colocadas há pouco no caminho e que, por conseguinte, a passagem poderia ser desagradável para nós. Depois disso nosso deus de jardim epicurista se vangloria, com agilidade incomparável, que soube enaltecer Voltaire.

Quem agora poderia duvidar ainda dessa incomparável agilidade? O livre mestre da matéria é conhecido, o artista de jardim trajado com roupas leves; e ouvimos sempre a voz do clássico: como escritor eu não quero ser um filisteu, não quero! não quero! Antes, quero ser Voltaire, o Voltaire alemão! e, em última instância ainda, o Lessing francês!

Nós revelamos aqui um segredo: nem sempre o nosso mestre sabe o que ele preferiria ser, Voltaire ou Lessing, mas de modo algum um filisteu, se possível, ambos, Lessing *e* Voltaire – para que se cumpra o que está escrito: "ele não tinha nenhum caráter, porém, quando queria ter um, tinha sempre, a princípio, de tomá-lo emprestado".

## 10

Se nós compreendemos corretamente Strauss, o confessor, então ele é mesmo um verdadeiro filisteu com uma alma apertada e ressecada, e com necessidades doutas e sóbrias; e, contudo, ninguém ficaria mais irritado por ser nomeado um filisteu do que Strauss, o escritor. Para ele, seria justo se o denominassem de petulante, temerário, malicioso e audacioso; sua maior felicidade, no entanto, estaria em ser comparado com Lessing ou Voltaire, pois eles indubitavelmente não foram filisteus. Na busca por essa felicidade, ele oscila reiteradamente entre duas hipóteses, se deveria imitar a valente impetuosidade dialética de Lessing ou se seria melhor para ele comportar-se como um ancião um pouco libertino e livre-pensador, ao modo de Voltaire. Quando se senta para escrever, ele torna sua face fixa, como se estivesse posando para um retrato e, com efeito, umas vezes com a cara de Lessing, outras com a de Voltaire. Quando lemos seu elogio sobre a maneira voltaireana de se expressar (p. 217 Volt.), ele parece estar falando energicamente à consciência do presente, pois há muito tempo essa não sabe o que tem no moderno Voltaire: "também as excelências", diz ele, "são as mesmas em todas as partes: naturalidade simples, claridade transparente, mobilidade plena de vida,

*DAVID STRAUSS, O CONFESSOR E O ESCRITOR* 87

graça obsequiosa. Quando vem ao caso, não faltam calor e ênfase; do mais íntimo da natureza de Voltaire procedia a sua aversão ao estilo empolado e afetado; assim como, por outro lado, quando às vezes a petulância ou as paixões rebaixavam sua expressão até o vulgar, a culpa não estava no estilo, porém no ser humano que nele havia". Strauss parece com isso conhecer perfeitamente bem a importância que tem a *simplicidade do estilo*: ela foi sempre a marca do gênio[67], o qual é o único que tem o privilégio de se expressar com simplicidade, naturalidade e ingenuidade. Se um autor opta por uma maneira simples, isso não denuncia, por conseguinte, a mais vulgar ambição: pois, ainda que alguns poucos notem aquilo pelo que tal autor gostaria de ser tomado, esses poucos são também obsequiosos o bastante para tomá-lo pelo que ele gostaria. O autor genial, porém, não se revela apenas na simplicidade e na precisão de sua expressão: sua enorme força joga com a matéria que trata, mesmo que seja perigosa e pesada. Ninguém caminha com passos rápidos por um caminho desconhecido e cortado por mil abismos: mas o gênio corre com agilidade por tal vereda e com saltos ousados ou graciosos e a zombar do meticuloso e amedrontado medir dos passos.

O próprio Strauss sabe que os problemas ao lado dos quais ele passa correndo são sérios e terríveis e assim eles têm sido tratados pelos sábios por milênios, e, apesar disso, ele denomina seu livro como *vestido com*

---

67. Para conferência: Schopenhauer, *Parerga e Paralipomena*, II, seção 283.

*roupas leves*. De todos aqueles horrores, da tenebrosa seriedade das reflexões na qual alguém arruína a si mesmo com as perguntas pelo valor da existência e pelos deveres dos homens, não se pressente mais nada quando o genial mestre passa ao nosso lado fazendo malabarismos, "vestido com roupas leves e de propósito", sim, vestido com roupas mais leves do que seu Rousseau, do qual ele sabe nos contar que se despia por baixo e se vestia por cima, enquanto Goethe se vestia por baixo e se despia por cima. Os gênios mais singelos, ao que parece, simplesmente não se vestem, e talvez a expressão "vestido com roupas leves" seja apenas um eufemismo para dizer despido. Os poucos que viram a deusa verdade afirmam que ela estaria nua: e talvez aos olhos dos que não a viram, mas que acreditam naqueles poucos, a nudez ou o vestir-se com roupas leves seja uma prova ou ao menos um indício da verdade. A mera suspeita já é aqui vantajosa para a ambição do autor: alguém vê algo despido: como, e se fosse a verdade! fala ele para si e assume uma feição mais solene do que a habitual. Com isso, contudo, quando obriga seu leitor a fitá-lo com mais solenidade do que a outro vestido de modo mais rigoroso, o autor já obteve um grande benefício. Esse é o caminho para tornar-se um dia um "clássico": e Strauss mesmo nos diz "que lhe foi conferida a honra, não almejada, de ser visto como uma espécie de escritor clássico em prosa", que ele acabou atingindo o fim do seu caminho. O gênio Strauss corre pela estrada afora como um "clássico", vestido com roupas leves como as deusas, e o filisteu Strauss deve ser, para dizê-lo utilizando uma

*DAVID STRAUSS, O CONFESSOR E O ESCRITOR* 89

expressão original deste gênio, "decretado como estando de partida" ou "expulso para onde não é mais possível retornar".

Ah, o filisteu volta e torna a voltar sempre, apesar de todo decreto de partida e de todas as expulsões! Ah, apesar de tudo, de vez em quando o rosto comprimido em rugas à maneira de Voltaire e Lessing retorna bruscamente às suas velhas e honestas formas originais! Ah, a máscara de gênio cai com frequência no chão, e nunca foi tão enfadonho o olhar do mestre do que quando tentou imitar o olhar de fogo do gênio, e seus movimentos nunca foram tão rígidos do que quando tentou com seus saltos imitar os saltos do gênio! Precisamente porque se veste com roupas leves em nossa fria zona, ele se expõe ao perigo de se resfriar mais seriamente e com mais frequência do que outro qualquer; poderá ser penoso que também os outros notem tudo isso, porém, caso ele queira curar-se, é necessário apresentar-lhe também publicamente o seguinte diagnóstico. Existiu um Strauss que era um douto bravo, rigoroso e vestido com rigor, o qual nos era tão simpático quanto todos aqueles que na Alemanha servem à verdade com seriedade e afinco e sabem ser senhores dentro de seus limites; esse, que agora é famoso na opinião pública como David Strauss, transformou-se em outra pessoa: os teólogos devem ter sido os culpados por essa transformação; é o bastante, seu atual jogo com máscara de gênio é para nós tão odioso ou ridículo quanto o é o modo como nos compelia sua mais juvenil seriedade para uma seriedade e simpatia. Se ele agora nos declara: "seria também uma ingratidão para com *meu gênio*, se eu não me alegrasse de que ao lado do dom da crítica implacável e corrosiva me tenha sido conferido também o gosto inocente pela forma artística das coisas", acaso não lhe surpreenderia o fato de que, apesar dessa autocertificação, existiam homens que afirmavam o contrário; inicialmente, que ele não possui nenhum dom para a forma artística das coisas e, a seguir, que o gosto denominado por ele de "inocente" é tudo menos "inocente", uma vez que tal gosto foi aos poucos soterrando e por fim acabou destruindo uma natureza de douto e crítico que, no fundo, era robusta e profundamente engajada, *a saber, o autêntico gênio strausseano*. Em um ataque de honestidade sem limites, o próprio Strauss acrescentou, de fato, que ele sempre "traz em si o Merck que lhe grita: você não deve mais fazer essas sandices, elas podem ser feitas por qualquer um!"[68]. Essa era a voz do autêntico gênio strausseano: esse mesmo que também disse para ele quão muito ou quão pouco valor teria seu novíssimo testamento, inocente e malvestido, do filisteu moderno. Também isso os outros são capazes de fazer! E muitos poderiam fazê-lo melhor! E esses que poderiam fazê-lo melhor, espíritos mais ricos e mais bem-dotados que Strauss, teriam feito em todo caso apenas – sandices!

Acredito ter deixado bem claro como eu considero o escritor Strauss: a saber, como um ator que representa o gênio ingênuo e o pensador clássico. Se Lichtenberg disse uma vez: "a maneira simples de escrever é recomendável porque nenhum homem honrado usa

---

68. Cf. Goethe, *Poesia e verdade*, 3ª Parte, l. XV.

*DAVID STRAUSS, O CONFESSOR E O ESCRITOR* 91

artificialidades e sofisticações em suas expressões"[69], isso não significa, nem de longe, que a maneira simples de escrever é uma prova de integridade literária. Desejaria que o escritor Strauss fosse mais honesto, por conseguinte, ele escreveria melhor e seria menos famoso. Ou – se ele de fato quer ser um ator – eu desejaria que ele fosse um bom ator e imitasse melhor o gênio inocente e o pensador clássico na forma clássica e genial de escrever. Pois, de resto, o que fica por dizer é que Strauss é um péssimo ator e um estilista indecoroso.

## 11

A reprimenda por Strauss ser um mau escritor se atenua certamente pelo fato de que na Alemanha é muito difícil chegar a ser um escritor mediano e sofrível, e extraordinariamente inverossímil chegar a ser um bom escritor. Carecemos aqui de um solo natural para o discurso pronunciado oralmente, bem como a valoração, o tratamento e o cultivo artísticos desse tipo de discurso. Posto que todas as manifestações públicas, como o evidenciam as expressões "conversa de salão", "pregação", "discurso de parlamento", não trazem consigo um estilo nacional, no geral nem sequer se apresenta a necessidade de um estilo, e que tudo o que se fala na Alemanha não passa de experimentos ingênuos com a língua, o escritor não encontra nenhuma

---

69. Lichtenberg, op. cit., p. 306. Nietzsche retoma essa passagem e aponta outras semelhantes em um fragmento 27 [25] da primavera-outono de 1873.

92 FRIEDRICH NIETZSCHE

norma unitária e tem certo direito de fazer com a língua o que lhe apraz: o que traz obrigatoriamente, como consequência, essa desmedida dilapidação da língua alemã do "tempo de agora", dilapidação que foi descrita na sua forma mais enfática por Schopenhauer com as seguintes palavras: "se isso continuar acontecendo", disse ele uma vez, "no ano 1900 os clássicos alemães não serão mais entendidos corretamente, porque não se conhecerá mais nenhuma outra linguagem a não ser a dos jargões esfarrapados do distinto 'tempo de agora' – cujo caráter fundamental é a impotência"[70]. De fato, os críticos da língua alemã e os gramáticos alemães já estão dando a entender nos periódicos mais recentes que nossos clássicos não podem mais servir de modelo para nosso estilo, pois eles possuem uma grande quantidade de palavras, vocábulos e construções sintáxicas que vêm se perdendo: por isso, acham conveniente reunir as proezas linguísticas no uso de palavras e frases dos escritores mais conhecidos de nossos dias e apresentá-las para serem imitadas, como ocorre de fato, por exemplo, no conciso dicionário de bolso – e de vergonha – de Sanders[71]. Nele aparece como um autor clássico o repugnante monstro do estilo

---

70. Frase que aparece na página 58 do livro organizado por Julius Frauenstädt e intitulado *Aus Arthur Schopenhauer's handschriftlichen Nachlass. Abhandlungen, Anmerkungen, Aphorismen und Fragmente* (Do legado manuscrito de Arthur Schopenhauer. Tratados, notas, aforismos e fragmentos), Leipzig, 1864.

71. Sanders, Daniel. *Wörterbuch der deutschen Sprache. Mit Belegen von Luther bis auf die Gegenwart.* Zwei Bände (Dicionário da língua alemã. Com exemplos de Lutero aos nossos dias. Dois volumes), Leipzig, 1860/1865.

*DAVID STRAUSS, O CONFESSOR E O ESCRITOR* 93

que é Gutzkow[72]: e, no geral, conforme aparenta, nós devemos nos habituar a uma multidão totalmente nova e surpreendente de clássicos, dentre os quais o primeiro ou ao menos um dos primeiros é David Strauss[73], o mesmo que nós não conseguimos designar de forma diferente daquela que já designamos: ou seja, como um estilista indecoroso.

Uma característica suprema dessa pseudocultura do filisteu da cultura é a forma como ela obtém para si o conceito de autor clássico e escritor modelo – ela, que se mostra forte unicamente no repelir um estilo cultural, este sim verdadeiramente artístico, e graças a essa persistência no repetir chega a uma padronização das manifestações, que praticamente parece ser novamente uma unidade de estilo. Porém, como é possível que com essa ilimitada experimentação, que qualquer um pode fazer com a linguagem, alguns autores em particular possam encontrar um tom que corresponde a uma linguagem comum a todos? De que expressa essa linguagem comum? Antes de tudo, uma qualidade negativa: a ausência de tudo que seja chocante – *porém, tudo o que é verdadeiramente produtivo é chocante.* – O que de fato predomina entre as leituras diárias do alemão de hoje é, sem dúvida, a dos jornais bem como a das revistas relacionadas a eles[74]: dos quais o alemão fica com os ouvidos impregnados pelo gotejar incessante

---

72. Karl Ferdinand Gutzkow (1811-1878).

73. Referência irônica de Nietzsche à recensão do livro de Strauss publicada por A. Dove na revista *Im neuen Reich* (No novo império), que introduz Strauss no panteão dos "clássicos".

74. Cf. Schopenhauer, *Parerga e Paralipomena*, II, seção 283.

das mesmas expressões e das mesmas palavras e, como na maioria das vezes o alemão utiliza para essas leituras umas horas nas quais seu espírito cansado não está em condições de opor resistência, então seu aparelho auditivo vai se habituando com esse alemão de todos os dias e, sendo preciso afastar-se dele, sente com dor a sua falta. Porém, os fabricantes desses jornais são os que, em conformidade com sua ocupação, estão mais fortemente habituados com a viscosidade dessa linguagem de jornal: no sentido mais rigoroso do termo, eles perderam totalmente o gosto e, no máximo, suas línguas conseguem sentir, como que por uma espécie de degustação, o que é total e completamente corrupto e arbitrário. Dessa forma se explica o *tutti unisono*, que se faz notar, apesar daquele afrouxamento e adoecimento geral, tão logo um novo desatino linguístico é inventado: com tais corrupções descaradas, vinga-se do idioma por causa do inacreditável aborrecimento que ele impõe, pouco a pouco, em seus jornaleiros. Recordo-me de ter lido um manifesto de Berthold Auerbach[75] intitulado "Ao povo alemão", no qual cada locução, nada alemã, era retorcida e falsa, e que em seu conjunto se assemelhava a um mosaico de palavras sem alma e com sintática internacional; para não falar do vergonhoso alemão emporcalhado com o qual Eduard Devrient celebrou a memória de Mendelssohn[76]. Portanto,

---

75. Berthold Auerbach (1812-1882). Escritor de novelas e membro do grupo "Alemanha Jovem".

76. Eduard Devrient (1801-1877). Outro escritor da época. A obra em questão é: *Meine Erinnerungen an Felix Mendelssohn-Bartholdy und seine Briefe an mich* (Minhas recordações de Felix Mendelssohn-Bartholdy e suas cartas a mim).

*DAVID STRAUSS, O CONFESSOR E O ESCRITOR* 95

o erro de linguagem – e isso é o notável – não deixa nosso filisteu chocado, ao contrário, ele o considera um alívio refrescante no deserto do alemão cotidiano, sem ervas e sem árvores. Porém, o que é *verdadeiramente* produtivo permanece chocante para ele. As sintaxes desses ultramodernos escritores modelo, totalmente retorcidas, extravagantes ou esgarçadas, seus neologismos cômicos não são tomados como depreciativos, mas como algo meritório, por algo picante: porém, ai do estilista pleno de caráter, que se afasta dos caminhos das expressões cotidianas com a mesma seriedade e tenacidade com que se afasta dos "monstros escritores dos tempos de agora, que foram chocados na última noite", como disse Schopenhauer[77]. Quando se aceita o que é raso, débil e comum como regra, o ruim e corrupto como encantadora exceção, então o que é vigoroso, o não vulgar e belo é difamado: de tal forma que na Alemanha se repete continuamente a história daquele viajante muito distinto que chega ao país dos corcundas e ali é escarnecido por todos em função do ultrajante defeito que consistiria no fato de não possuir uma corcova, até que, por fim, um padre se apieda dele e diz ao povo: lamentem por esse pobre estrangeiro e ofereçam com sentimento de gratidão uma oferenda aos deuses que a vocês ornaram com uma imponente montanha carnosa.

Se hoje alguém quisesse fazer uma gramática positiva do alemão de nossos dias, que inclui todos os

---

77. Menção à página 61 do livro organizado por Julius Frauenstädt, citado anteriormente.

estilos do mundo, e seguisse os vestígios das regras que exercem seu domínio sobre a mesa de escrever de cada pessoa, como imperativos não escritos, não explícitos e, contudo, observados, ele encontraria, então, estrambólicas ideias sobre estilo e retórica, as quais foram retiradas talvez de algumas reminiscências escolares e da obrigação que existia, em outros tempos, de exercícios de latim, talvez da leitura de escritores franceses, das quais, em função de sua inacreditável brutalidade, qualquer francês de formação regular teria direito de zombar. Ao que parece, nenhum daqueles alemães profundos refletiu sobre essas ideias estrambólicas, sob o comando das quais praticamente todo alemão vive e escreve.

Aqui encontramos a exigência de que, de tempos em tempos, deve aparecer uma imagem ou uma alegoria, e de que a alegoria deva ser nova: para o minguado cérebro dos escritores, no entanto, novo e moderno são idênticos e, por conseguinte, torturam-se então para extrair suas alegorias dos trilhos dos trens, do telégrafo, da máquina a vapor, da bolsa de valores, e se sentem orgulhosos de que essas imagens são necessariamente novas, posto que são modernas. Também no livro de confissões strausseano nós encontramos o tributo às alegorias modernas pontualmente pago. Ele se despede de nós com um quadro de uma página e meia de uma moderna oficina de trens e, algumas páginas antes, compara o mundo com uma máquina, com suas rodas, pilões, martelos e seu "óleo suavizante". – (p. 362): Uma refeição que começa com champanhe. – (p. 325): Kant como um estabelecimento hidroterápico. – (p. 265):

*DAVID STRAUSS, O CONFESSOR E O ESCRITOR* 97

"A constituição federal suíça está para com a inglesa da mesma forma que uma máquina movida a água está para com uma máquina a vapor, como uma valsa ou uma canção está para com uma fuga ou uma sinfonia". – (p. 258): "Em toda apelação é necessário respeitar as instâncias. A instância intermediária, porém, entre o indivíduo e a humanidade é a nação." – (p. 141): "Se desejamos saber se ainda há vida em um organismo que nos parece morto, tratemos de fazê-lo por meio de um estímulo forte, de preferência também dolorido, algo como um beliscão." – (p. 138): "O território religioso na alma humana é igual ao território dos pele-vermelha na América do Norte." – (p. 137): "Virtuosos da piedade nos mosteiros." – (p. 90): "Colocar sob o cálculo, com todas as suas cifras, a suma de tudo o que ocorreu até agora." – (p. 176): "A teoria darwinista se assemelha a uma estrada de ferro que acabou de ser traçada – – – onde as bandeirinhas oscilam alegres ao vento." Desta forma, a saber, altamente moderna, Strauss satisfez a exigência filisteia de que de tempos em tempos uma nova alegoria deve aparecer.

Muito difundida também está uma segunda exigência retórica, de que o didático deveria se propagar em longas frases e, com isso, em vastas abstrações e de que, ao contrário, o persuasivo ama as frases curtas e o contraste das expressões que seguem saltitantes umas atrás das outras. Uma frase modelo para o didático e pedante, que vai se esticando até desfiar completamente ao modo de Schleiermacher e que vai se arrastando com verdadeira agilidade de tartaruga, encontra-se, em Strauss, à página 132: "o fato de que nos níveis mais antigos da religião tenham lugar várias dessas origens ao invés de uma, e uma pluralidade de deuses ao invés de um deus, deve-se, segundo essa derivação da religião, a que as diferentes forças naturais ou circunstâncias vitais que suscitam no ser humano o sentimento da mais absoluta dependência, no começo, atuam sobre ele com toda sua diversidade, e ele ainda não se tornou consciente de que em relação à dependência absoluta não pode haver nenhuma diferença entre aquelas forças e de que, por conseguinte, também a origem dessa dependência, ou o ser no qual em última instância ela se reduz, somente pode ser uno". Um exemplo oposto de uma frase curta e de vivacidade afetada, a qual deixa alguns leitores tão excitados que não conseguem nomear Strauss sem mencionar junto Lessing, encontra-se na página 8: "Acerca do que eu penso em expor na sequência, estou plenamente consciente de que inúmeras pessoas o sabem tão bem quanto eu, e vários, de fato, muito melhor. Alguns inclusive já falaram. Devo eu por isso calar-me? Creio que não. Nós todos nos completamos mutuamente. Se outro sabe muita coisa melhor que eu, talvez eu saiba melhor algumas; e várias coisas eu sei de forma diferente, eu vejo de forma diferente que os demais. Portanto, falando sem hesitação, exponhamos nossas cartas para que se saiba se elas são dignas de crédito." Entre essa marcha rápida própria de rapazolas e aquela lentidão de carregadores de caixão, o estilo strausseano mantém habitualmente o meio-termo, porém, entre dois vícios nem sempre mora uma virtude, porém, com muita frequência, somente a debilidade, a paralisante debilidade,

*DAVID STRAUSS, O CONFESSOR E O ESCRITOR* 99

a impotência. De fato, eu fiquei muito desapontado quando procurei por locuções e traços finos e espirituosos no livro de Strauss, e havia estabelecido para mim expressamente a rubrica de, ao menos aqui e ali, poder elogiar o escritor Strauss, uma vez que no confessor não encontrara nada digno de louvor. Eu procurei e procurei, e minha rubrica permaneceu vazia. Ao contrário, encheu-se outra com o rótulo: defeitos de linguagem, imagens confusas, resumos obscuros, falta de gosto e afetação, de tal forma que, em seguida, a única coisa que poderia me atrever a comunicar seria uma modesta seleção de minha gigantesca coleção de amostras[78]. Talvez o que eu consiga reunir sob essa rubrica seja precisamente o que leva os alemães atuais a crer que Strauss seja um estilista grande e interessante. São curiosidades de expressões que, no deserto árido e na poeira do livro inteiro, produzem surpresas que se não são agradáveis, são ao menos dolorosamente estimulantes: nesses casos nós notamos ao menos, para dizê-lo servindo-nos de uma alegoria strausseana, que ainda não estamos mortos e que ainda reagimos a tais beliscões. Pois todo o resto mostra aquela carência de tudo o que é chocante, devo dizer, de tudo o que é produtivo, uma carência que é hoje imputada ao escritor clássico em prosa como uma qualidade po-

---

78. Cf. a carta de Nietzsche a Wagner, de 18 de abril de 1873, que mencionamos na Apresentação, "(...) Acabei de ler todo o seu livro *A antiga e nova fé* e fiquei assombrado com a estupidez ordinária tanto do escritor como das ideias. Uma boa coleção de provas de estilo do gênero mais repugnante mostrará publicamente quem é, na realidade, este presumível 'clássico'" (*Sämtliche Briefe*, v. 4, p. 145).

100 FRIEDRICH NIETZSCHE

sitiva. A extrema sobriedade e secura, uma sobriedade verdadeiramente faminta desperta hoje na massa culta a monstruosa sensação de que tais coisas seriam precisamente os sinais de saúde, a ponto de que aqui vale o que disse o autor do *dialogus de oratoribus* [diálogo acerca dos oradores]: *"illam ipsam quam iactant sanitatem non firmitate sed ieiunio consequuntur"* [essa saúde que alardeiam é conseguida não pelo vigor, mas pelo jejum][79]. Por isso, eles odeiam com unanimidade instintiva a toda *firmitas* [vigor], porque ela testemunha um tipo de saúde totalmente diferente da que é a sua, e procuram colocar sob suspeita a *firmitas*, a enérgica concisão, a fogosa força dos movimentos, a plenitude e a delicadeza do jogo dos músculos. Eles combinaram entre si de inverter a natureza e o nome das coisas e, doravante, falar de saúde onde nós vemos fraqueza, de doença e extravagância onde sai ao nosso encontro a verdadeira saúde. É dessa forma que também David Strauss pode ser tomado por um "clássico".

Fosse essa sobriedade ao menos uma sobriedade rigorosamente lógica: porém, precisamente a clareza e a rigidez no pensar é o que se perdeu com esses "débeis", em suas mãos a própria linguagem é desfiada de maneira ilógica. Tente-se apenas traduzir esse estilo strausseano para o latim: o que se passa muito bem com Kant e é cômodo e encantador com Schopenhauer. A causa pela qual isso não procede de forma alguma com o alemão strausseano provavelmente não se en-

---

79. Cf. Tácito, *Dialogus de oratoribus*, 23, 3-4. No semestre de verão de 1874, no seu famoso curso de "Retórica", Nietzsche cita várias vezes este livro de Tácito.

*DAVID STRAUSS, O CONFESSOR E O ESCRITOR*

contra no fato de que esse alemão seja mais claro do que o daqueles outros, porém que, em Strauss, o alemão é confuso e ilógico, enquanto, com Kant e Schopenhauer, ele é pleno de simplicidade e grandeza. Quem sabe, em compensação, como os antigos se empenhavam em aprender a falar e a escrever[80], e como os novos não se empenham, ele sente, como disse uma vez Schopenhauer, um verdadeiro alívio quando, depois de ter sido obrigado a terminar à força um livro alemão, pode então voltar-se novamente às outras línguas, tanto antigas quanto modernas: "pois com essas", diz ele, "eu tenho diante de mim uma linguagem corretamente fixada por uma regra, com uma gramática e uma ortografia completamente estabilizada e fielmente observada, e estou entregue por inteiro ao pensamento, enquanto no alemão sou atrapalhado a todo momento pelas impertinências do escritor que pretende impor seus caprichos gramaticais e ortográficos e suas ocorrências grosseiras: tolices que se pavoneiam insolentemente e pelas quais sinto repugnância. É deveras um verdadeiro suplício ver uma língua possuidora de uma escrita bela, antiga e clássica ser maltratada por ignorantes e asnos"[81].

Isso é o que lhes grita a cólera santa de Schopenhauer, e vocês não podem dizer que não foram avisados. Aquele, porém, que não quer ouvir de modo algum qualquer advertência e não quer em absoluto deixar definhar sua crença no escritor clássico Strauss, a

---

80. Cf. fragmento 27 [32], primavera-outono de 1873.
81. Cf. Julius Frauenstädt (citado acima), pp. 66 ss.

ele seria recomendado, como última receita, que o imi-
te. Tente-o, em todo caso, por seu próprio risco: vocês
pagarão por isso tanto com seus próprios estilos quanto, por fim, com suas próprias cabeças, para que também em vocês se cumpram as palavras da sabedoria
hindu: "Roer o chifre de uma vaca é inútil e encurta a
vida: desgastam-se os dentes e, contudo, não se obtém
nenhuma seiva."

## 12

Para encerrar, queremos apresentar ao nosso escritor clássico em prosa a prometida coletânea de amostras de estilo; talvez Schopenhauer, de forma muito
genérica, a intitulasse: "Novas provas acerca dos jargões esfarrapados dos tempos atuais"; pois a David
Strauss se pode dizer, a título de consolo, se é que isso
pode ser um consolo para ele, que agora todo mundo
escreve como ele, em parte de forma ainda mais miserável, e que, entre cegos, qualquer um que tenha um
olho é rei. Na verdade, nós fazemos concessão em demasia a Strauss, se lhe concedemos um olho, porém, nós
o fazemos porque ele não escreve da maneira como
escrevem os mais infames de todos os destruidores do
idioma alemão, os hegelianos e sua estropiada descen-
dência. Strauss ao menos deseja se retirar desse charco
e já se encontra em parte fora, porém está muito longe
da terra firme; contudo, é de se observar que uma vez,
em sua juventude, ele gaguejou ao modo hegeliano:
desde então, algo nele se desconjuntou, algum músculo
se distendeu; desde então, seus ouvidos se embotaram,

*DAVID STRAUSS, O CONFESSOR E O ESCRITOR* 103

como os ouvidos de um jovem rapaz que cresceu entre o rufar de tambores e nunca mais sentiu aquelas leis do som delicadamente artísticas e vigorosas, sob o comando das quais vive o escritor formado em bons modelos e em uma severa disciplina. Assim, como estilista, ele perdeu seu melhor patrimônio e está condenado a permanecer apoiado o resto de sua vida sobre a improdutiva e perigosa areia movediça do estilo jornalístico – se ele não quiser afundar novamente na lama hegeliana. Apesar disso tudo, ele conseguiu ser conduzido à condição de celebridade por algumas horas do presente, e talvez se saiba ainda, por algumas horas mais, que ele foi uma celebridade; porém, logo chega a noite e com ela o esquecimento: e já nesse instante, no qual nós escrevemos seus pecados estilísticos em um livro negro, tem início o crepúsculo de sua fama. Pois quem pecou contra a língua alemã, profanou o *misterium* de todo nosso caráter alemão: em meio a toda mistura e troca de nacionalidades e costumes, apenas a língua alemã tem se salvado e, com ela, como que por meio de uma pureza metafísica, tem se salvado o espírito alemão. Apenas ela é que garante o espírito para o futuro, isso caso ela mesma não venha a perecer nas mãos ímpias do presente. "Mas, *Di meliora* [que os deuses nos protejam]! Fora os paquidermes, fora! Esta é a língua alemã, na qual homens se expressaram, sim, com a qual escreveram grandes poetas e saudáveis e grandes pensadores. Para trás com os quadrúpedes!"[82] –

---

82. Confira-se Schopenhauer: *Parerga e Paralipomena*, II, seção 283. Conforme veremos, a crítica de Nietzsche a Strauss prende-se a detalhes de estilo e gramática específicos da língua alemã, que dificilmente são

104 *FRIEDRICH NIETZSCHE*

Tomemos sem demora, por exemplo, uma afirmação da primeira página do livro strausseano: *"já no crescimento do poder – – – o catolicismo romano reconheceu um convite para concentrar ditatorialmente todo seu poder espiritual e temporal nas mãos do papa declarado infalível"*. Sob essa túnica muito larga escondem-se muitas frases que de modo algum são compatíveis nem possíveis ao mesmo tempo; alguém pode reconhecer de alguma maneira um convite para concentrar seu poder ou para colocá-lo nas mãos de um ditador, mas ele não pode concentrá-lo ditatorialmente nas mãos de outro. Tivesse dito do catolicismo que ele concentra ditatorialmente seu poder, então o catolicismo mesmo seria comparado a um ditador: no entanto, é evidente que o pretendido aqui é comparar o papa infalível com um ditador, e apenas em função de um modo obscuro de pensar e da carência de tato com a linguagem o advérbio foi parar no lugar errado. Para captar o despropósito da outra locução, eu recomendo repeti-la na seguinte simplificação: o senhor ajunta as rédeas nas mãos de seu cocheiro.

– (P. 4): *"No fundo da antítese existente entre o antigo regime consistorial e os esforços voltados para se obter uma constituição sinodal encontra-se, por trás do impulso hierárquico por um lado e do democrático por outro, uma divergência dogmático-religiosa."* Ninguém poderia se expressar de forma mais desajeitada: primeiramente,

---

passíveis de tradução para uma língua latina como o português. Para evitar reproduzir o texto integral, contudo, apresentaremos apenas os termos-chave em alemão no texto traduzido e acrescentaremos notas explicativas quando for necessário.

encontramos uma antítese entre um regime e certos esforços, em seguida, no fundo dessa antítese, encontra-se uma divergência dogmático-religiosa, e essa diferença que se encontra no fundo se acha por trás de um impulso hierárquico por um lado e de um democrático por outro. Charada: que coisa se encontra atrás de duas coisas e no fundo de uma terceira coisa?

– (P. 18): *"E os dias, embora enquadrados pelo narrador de forma inequívoca entre a tarde e a manhã"* etc. Eu os aconselho a traduzirem isso para o latim, para que se reconheça o abuso desavergonhado que está sendo impetrado contra o idioma. Dias que são enquadrados! Por um narrador! De forma inequívoca! E enquadrados entre algo!

– (P. 19): *"De relatos errados e contraditórios, de falsas opiniões e juízos, [essa] não pode ser na Bíblia a questão."* Expressão mais altamente enganosa! Ele confunde "na Bíblia" e "ser a questão": a primeira deveria ter ocupado um lugar antes de "[esse] não pode ser", a segunda após o "pode". Eu acho que o senhor queria dizer: dos relatos errados e contraditórios, das falsas opiniões e juízos na Bíblia, [isso] não pode ser uma questão; mas por que não? Porque ela é precisamente a Bíblia – portanto: "segundo a Bíblia, isso não pode ser dito". Apenas para não ter que pôr em seguida, um após o outro, "na Bíblia" e "uma questão na Bíblia", o senhor decidiu escrever jargões esfarrapados e trocar as preposições.

O mesmo delito o senhor comete na página 20: *"Compilações, às quais são elaborados os antigos fragmentos."* O senhor pretende dizer: "nas quais antigos fragmentos são agregados, ou nas quais antigos fragmentos

106                              *FRIEDRICH NIETZSCHE*

são elaborados"[83]. – Nessa mesma página o senhor fala, usando uma expressão estudantil, de uma *"poesia didática que é deslocada à desagradável posição de ser em primeiro lugar frequentemente mal interpreta* [missdeutet]*"* (melhor seria: mal interpretada [*missgedeutet*]), *"em seguida hostilizada e contestada".* À página 24, o senhor fala inclusive de *"agudezas por meio das quais se procurou amenizar sua dureza"*! Encontro-me na desagradável posição de não conhecer algo duro, cuja dureza seria amenizada por meio de algo agudo; Strauss certamente chega inclusive a narrar (p. 367) acerca de uma *"agudeza suavizada por sacudidas".*

– (P. 35): *"Como um Voltaire de lá, enfrenta-se aqui um Samuel Hermann Reimarus, de modo absolutamente típico para ambas as nações."* Um homem pode ser típico sempre e unicamente para uma nação, porém nunca poderá enfrentar outro de maneira típica para ambas as nações. Para economizar ou escamotear uma frase, praticou-se uma infame violação do idioma.

– (P. 46): *"Contudo, após decorridos a morte de Schleiermacher apenas alguns anos, que – – –."* A tal populacho asqueroso não importa em absoluto a ordem na colocação das palavras; que aqui as palavras: "a morte de Schleiermacher" estejam em lugar equivocado,

---

83. Neste caso, Strauss utiliza erroneamente a preposição *in + die*, o que, juntamente com o verbo "elaborar", dá a ideia de algo estático, que se encontra ali e não que seria introduzido ali, como é o caso. Como opção, Nietzsche oferece a Strauss duas opções: ou mudar o verbo para *"hineinarbeiten"*, que traduzimos por agregar (ou incorporar) e que em alemão é um verbo que dá a ideia de movimento, mesmo com o *"in die"*, ou mudar a preposição e o artigo para *"in denen"*, o que daria a ideia de movimento, de algo que é introduzido e não que estaria já ali.

DAVID STRAUSS, O CONFESSOR E O ESCRITOR

ou seja, estejam depois de "decorridos", quando deveriam estar antes, isso é algo que em vossos ouvidos, acostumados com o rufar de tambores, parece tão indiferente quanto empregar em seguida o "que" onde se deveria dizer "até"[84].

— (P. 13): *"Também de todos esses diferentes matizes, nos quais reluz o cristianismo de hoje, o único que pode nos dizer se ainda somos capazes de professá-lo, é o mais extremo, o mais depurado,"*. A pergunta — de que se trata? — pode ser respondida, uma primeira vez, assim: "disso e daquilo" ou, uma segunda vez, por meio de uma frase como: "se nós nos" etc.; lançar ambas as construções de forma confusa, põe em evidência o moço de vida desregrada. Strauss gostaria muito mais de dizer: "o único matiz do qual se pode dizer se ainda somos capazes de confessar é o mais extremo": porém, ao que parece, as preposições da língua alemã estão ali apenas para ser utilizadas de tal maneira que seu emprego cause surpresa. Na página 358, por exemplo, esse "clássico", para nos causar esse tipo de surpresa, confunde as locuções: "um livro trata de algo" e: "trata-se de algo", e assim temos que escutar uma frase como esta: *"permanecerá indeterminado se se trata de um heroísmo externo ou interno, de combates em campos abertos ou na profundidade do peito humano"*.

— (P. 343): *"(...) para nosso tempo, de nervos sobre-excitados que, nomeadamente em suas inclinações musicais,*

---

84. Neste caso, o verbo que traduzimos por decorrer é *"anstehen"*, e o que Nietzsche chama a atenção é que a partícula *"an"* do verbo deveria estar no final da frase e não no meio como faz Strauss, que estaria, assim, desobedecendo a uma regra básica da gramática da língua alemã para o caso de verbos separáveis (*trennbar*).

*está na luz essa doença".* Vergonhosa confusão entre "estar na luz" [*zu Tage liegen*] e "trazer à luz" [*an den Tag legen*]. Tais melhoradores do idioma deveriam ser castigados sem distinção de pessoa, como se faz com as crianças em idade escolar.

– (P. 70): *"nós vemos aqui um dos passos do pensamento por meio dos quais os discípulos avançaram até produzirem a representação da reanimação de seus mestres mortos".* Que quadro! Uma verdadeira fantasia de limpador de chaminés. Alguém vai avançando por meio de passos com seu trabalho até uma produção.

Quando na página 72 esse grande herói das palavras, Strauss, designa a história da ressurreição de Jesus como *"história mundial do disparate",* a única coisa que aqui gostaríamos de perguntar a ele, sob o ponto de vista da gramática, é a quem propriamente ele designa como tendo na consciência essa "história mundial do disparate", ou seja, um embuste destinado a enganar os outros e a obter um ganho pessoal. Quem comete o embuste, quem engana? Pois somos incapazes de representar um "disparate" sem um sujeito que busque tirar proveito dele. Como Strauss não pode nos dar nenhuma resposta a essa pergunta – a não ser que ele tema prostituir o seu deus, ou seja, o deus que erra por nobre *passion,* fazendo dele um embusteiro –, o que nos resta por ora é considerar a expressão tanto absurda quanto vulgar.

Nessa mesma página (72) se diz: *"suas doutrinas teriam sido dispersas como folhas ao vento e arrasadas se essas folhas não tivessem sido mantidas juntas e, dessa maneira, conservadas pela ilusória crença em sua ressurreição,*

*DAVID STRAUSS, O CONFESSOR E O ESCRITOR*  109

*que atuou como uma encadernação compacta e segura".* Quem fala de folhas ao vento conduz a fantasia do leitor ao erro, tão logo ele passa a compreender por tais folhas, folhas de papel que podem ser mantidas juntas por um trabalho de encadernação. Em se tratando de uma imagem, nada preocupará mais o escritor cuidadoso do que deixar o leitor confuso ou levá-lo ao erro: pois uma imagem deve tornar algo claro; porém, se a imagem mesma é confusa, expressa de maneira não clara e conduz ao erro, então ela torna as coisas mais obscuras do que seriam sem ela. Contudo, certamente nosso "clássico" não é alguém cuidadoso: ele fala corajosamente da *"mão de nossas fontes"* (p. 76), da *"ausência de qualquer pretexto nas fontes"* (p. 77) e da *"mão de uma necessidade"* (p. 215).

– (P. 73): *"somente ao próprio Jesus interessa levar em conta a crença em sua ressurreição".* Quem gosta de se expressar a respeito de coisas tão pouco vulgares de forma tão vulgarmente mercantilista dá a entender que durante toda sua vida leu livros muito ruins. No geral, o estilo strausseano oferece testemunho de péssimas leituras. Talvez ele tenha lido em demasia os escritos de seus adversários em teologia. Ou então, de onde alguém pode ter aprendido a incomodar o velho Deus dos judeus e dos cristãos com imagens tão pequeno--burguesas como aquelas que nos oferece Strauss a título de entretenimento, por exemplo, à página 105, na qual precisamente alguém *"retirou do velho Deus dos judeus e cristãos o assento de debaixo do corpo"* ou, na mesma página 105, *"apresentou-se ao velho Deus pessoal, por assim dizer, o problema da habitação"* ou, na página 115, onde esse mesmo Deus é transladado para um *"quarti-nho dos fundos, no qual ele deve ser decentemente alojado e ocupado".*

– (P. 111): *"Ao se derrubar a oração que merece ser atendida, derrubou-se novamente um atributo essencial do próprio Deus."* Pensem primeiro, senhores rabiscadores, antes de vocês rabiscarem! Devo opinar que a tinta deveria corar, se com ela fosse rabiscado algo sobre uma oração que fosse um "atributo" e, mais ainda, um "atributo que foi derrubado".

– Porém, o que se encontra à página 134! *"Vários dos atributos desiderativos que o homem em tempos passados conferia aos seus Deuses – eu quero tomar como exemplo apenas a capacidade de atravessar rapidamente o espaço – ele tomou agora em si próprio, em consequência da dominação racional sobre a natureza."* Quem nos desenrolaria tal novelo! Bem, o homem em tempos antigos conferia atributos aos deuses; "atributos desiderativos" é algo que, por si só, já nos dá muito que pensar! Strauss quer dizer, mais ou menos, que o homem teria suposto que os deuses possuiriam de fato tudo aquilo que ele gostaria de ter, mas não tem, e assim um deus teria atributos que correspondem aos desejos dos seres humanos, portanto, mais ou menos, "atributos desiderativos". Então, segundo a lição de Strauss, o homem toma para si alguns desses "atributos desiderativos" – um acontecimento muito obscuro, tão obscuro quanto o que é descrito na página 135: *"o desejo deve se apresentar a alguém, de modo a dar a essa dependência, pelo caminho mais curto, uma mudança vantajosa para o homem".* Dependência – mudança – caminho mais curto

*DAVID STRAUSS, O CONFESSOR E O ESCRITOR* 111

– um desejo que se apresenta a alguém – pobre daquele que queira de fato ver um acontecimento como esse! Trata-se de uma cena retirada de um livro ilustrado para cegos. Deve-se tatear.

Um novo exemplo (p. 222): *"A direção ascendente desse movimento, com sua própria ascensão, passa por cima da decadência individual"*; um exemplo ainda mais forte (p. 120): *"Como constatamos, para chegar à sua meta, a última mudança de posição kantiana viu-se obrigada a tomar como seu caminho um percurso que vai muito além do campo de uma vida futura."* Quem não é um asno não encontra nenhum caminho nesse nevoeiro. Locuções que se veem obrigadas! Direções que se propagam sobre declínios! Mudanças de posição que são vantajosas pelo caminho mais curto, mudanças de posição que tomam como seu caminho um percurso que vai muito além de um campo! Sobre que campo? Sobre o campo da vida futura! Ao diabo toda topografia: Mais luz! Mais luz! Onde está o fio de Ariadne nesse labirinto? Não, ninguém pode se permitir escrever de tal forma, mesmo que fosse o mais famoso escritor em prosa, e muito menos a um homem com *"uma disposição religiosa e moral plenamente crescida"* (p. 50). Penso que um homem de idade deveria saber que a língua é uma herança que recebemos de nossos antepassados e que temos que transmitir aos nossos descendentes algo que se deve respeitar como coisa sagrada, inestimável, inviolável. Se seus ouvidos estão embotados, pois perguntem, consultem dicionários, usem boas gramáticas, mas não ousem seguir pecando dessa maneira à luz do dia!

112 FRIEDRICH NIETZSCHE

Strauss diz, por exemplo (p. 136): *"uma ilusão, a abater a si e a humanidade, o esforço de cada um teria que ter chegado a uma intuição"*. Essa construção é incorreta, e, se as orelhas crescidas do escritor não o notam, então quero gritar isso em seu ouvido: ou "abater alguma coisa de alguém" ou "alguém é como que posto de lado em relação a alguma coisa"; Strauss deveria portanto ter dito: uma ilusão da qual são postos de lado o si mesmo e a humanidade" ou "uma ilusão que é abatida de si mesma e da humanidade". O que ele escreve, no entanto, são jargões esfarrapados. Como, portanto, deverá parecer a nós se tal paquiderme estilístico vai se retorcendo por aí em palavras recém-moldadas ou em palavras antigas e reformadas quando fala sobre o *"sentido nivelador da social-democracia"* (p. 279), como se fosse Sebastian Frank, ou quando copia uma locução de Hans Sachs (p. 259): *"Os povos são as formas queridas por Deus, ou seja, as formas naturais, nas quais a humanidade é conduzida à existência, das quais a nenhum homem dotado de razão é lícito prescindir, das quais nenhum homem valoroso pode se afastar."*

– (P. 252): *"Segundo uma lei, o gênero humano se particulariza em raças"*; (p. 282): *"transitar com resistência"*. Strauss não nota o porquê de um trapinho tão antiquado como esse *transitar* [*befahren*] chamar tanto a atenção em meio ao seu moderno e surrado modo de se expressar. Contudo, todos notam que tais locuções e tais trapinhos são roubados. Porém, aqui e ali, nosso costureiro é criativo e acrescenta uma palavra nova: na página 221 ele fala de *"uma vida que se desenvolve em estilhaçamentos e edificantes contendas"*: porém, "es-

*DAVID STRAUSS, O CONFESSOR E O ESCRITOR*

tilhaçar-se em contenda"[85] se diz de uma lavadeira de roupas ou do herói que terminou o seu combate e morreu; "estilhaçar-se em contenda", no sentido de "se desenvolver", é alemão strausseano da mesma forma que (p. 223): *"todos os níveis e estados do envolvimento e do desenvolvimento"* é alemão de criança ainda envolta em panos!

– (P. 252): grafa *"em encadeamento"* [*in Anschliessung*] em vez de *"em relação"* [*im Anschluss*]. – (P. 137): *"na atividade diária do cristão medieval o elemento religioso se convertia em discurso de forma muito mais frequente e muito mais ininterruptamente".* Esse "muito mais ininterruptamente" é um comparativo modelo, se Strauss é um modelo de escritor em prosa: certamente ele utiliza também o impossível *"mais perfeito"* [*vollkommener*][86] (pp. 223 e 214). Porém, "converter para o discurso!". De que lugar do mundo sai isso, senhor temerário artista do idioma? Pois nesse ponto sou totalmente incapaz de me ajudar, não me ocorre nenhuma analogia, e os Irmãos Grimm, ao serem consultados sobre esse tipo de "alocução", permanecem calados como um túmulo[87]. Sem dúvida, o senhor quer dizer apenas o seguinte: "o elemento religioso se expressa mais frequentemente",

---

85. O termo empregado é *"ausringen"*, que pode ser traduzido tanto por "torcer" quanto por "acabar de sofrer", o que, como Nietzsche afirma, aplica-se ao herói morto.

86. Trata-se de erros em relação à gramática da língua alemã, que Strauss comete ao construir comparativos a partir de adjetivos originados de particípios (*ununterbrochen*) ou de adjetivos que por si já denotam um superlativo (*vollkommen*).

87. Referência ao dicionário da língua alemã, *Deutsches Wörterbuch*, editado pelos Irmãos Jacob e Wilhelm Grimm a partir de 1854.

ou seja, com uma ignorância de levantar os pelos, o senhor trocou mais uma vez as preposições; confundir "expressar" [*aussprechen*] com "dirigir a palavra a alguém" [*ansprechen*] leva em si o selo da vulgaridade, ainda que não agrade ao senhor [*ansprechen*][88] o fato de que eu expresse [*aussprechen*] isso publicamente.

– (P. 220): "*Porque eu ouvia soar por detrás de seu significado subjetivo um significado objetivo de alcance infinito.*" Como já foi dito, vosso ouvido está funcionando mal ou de forma estranha: o senhor ouve "significados soarem", e mais, "por detrás" de outros significados, e tais significados ouvidos são "de alcance infinito"! Ou isso é sem sentido ou é uma alegoria própria a especialistas em artilharia.

– (P. 183): "*com isso, os traços exteriores da teoria já estão dados; e também algumas molas que determinam seu movimento interno já se encontram instaladas*". Trata-se, mais uma vez, ou de uma coisa sem sentido ou de algo próprio a especialistas em tapeçaria, algo inatingível para nós. Qual seria, no entanto, o valor de um colchão que fosse composto de contornos e já tivesse as molas instaladas? E que molas são essas que determinam o movimento interno do colchão! Nós desconfiamos da teoria strausseana, se ele no-la apresenta com essa figura, e teríamos que dizer a respeito dela o que Strauss mesmo de forma tão bela disse (p. 175): "*faltam a ela ainda, para ter a devida vitalidade, membros*

---

88. Como parte de sua provocação, Nietzsche fecha a frase usando o mesmo verbo "*ansprechen*" com o sentido figurado de "agradar a" e finaliza retomando o verbo "expressar", de forma correta, para dizer o que ele está fazendo.

*DAVID STRAUSS, O CONFESSOR E O ESCRITOR* 115

*intermediários essenciais"*. Portanto, que venham os membros intermediários! Os contornos e as molas já se fazem presentes, pele e músculos estão preparados; porém, embora já se tenham essas coisas há muito tempo, falta ainda, certamente, muito para se ter a devida vitalidade, ou, para nos expressarmos de forma *"menos preconcebida"* [*unvorgreiflicher*] com Strauss: "quando alguém *faz chocarem-se uma com a outra duas formações com valores tão diferentes, sem observar os níveis e estados intermediários"*.

– (P. 5): *"Porém, pode-se estar sem lugar e, nem por isso, estar deitado no chão."* Nós o entendemos plenamente, senhor mestre vestido com roupas leves! Pois quem não tem um posto e também não está deitado, este voa, plana talvez, faz malabarismos ou flutua ao vento. Porém, se a você interessa expressar algo diferente de sua condição de flutuante, como o contexto quase permite adivinhar, então, em seu lugar, eu teria escolhido uma comparação diferente; que expressasse também algo diferente.

– (P. 5): *"Os galhos da velha árvore tornados notoriamente secos."* Que estilo tornado notoriamente seco! – (P. 6): *"o qual não poderia, como se faz necessário, tirar a autoridade ao papa infalível"*. Não se pode, por qualquer preço, trocar o dativo pelo acusativo: se isso constitui uma falta leve para os jovens em idade escolar, para escritores exemplares em prosa isso é um delito[89].

---

89. O correto seria, na interpretação de Nietzsche: "o seu reconhecimento não poderia ser negado nem mesmo por um papa infalível". Ao usar o dativo, diferentemente do que era a sua intenção, Strauss torna o papa o objeto do reconhecimento.

116 *FRIEDRICH NIETZSCHE*

– (P. 8): nós encontramos: *"regeneração de uma nova organização dos elementos ideais na vida dos povos"*. Admitamos que, se tal tautologia sem sentido tenha uma vez deslizado do tinteiro para o papel, então seria necessário também deixá-la ser impressa? Como isso não foi notado na correção? Na correção dos originais para seis edições! De passagem pela página 9: se uma frase de Schiller é citada uma vez, então deve-se fazê-lo de forma exata e não apenas aproximada! Isso se exige pelo devido respeito. Portanto, deve-se dizer: *"sem temer a inveja de ninguém"*[90].

– (P. 16): *"pois então ele* [esse relato] *se converte rapidamente em uma barreira, em um muro inibidor, contra o qual se dirige agora, com apaixonada aversão, todo fluxo da razão progressista, todo aríete da crítica"*. Aqui devemos pensar em algo que primeiro se transforme em uma barreira e depois em um muro, contra o qual finalmente se dirigem "aríetes, com apaixonada aversão" ou até mesmo um "fluxo", com apaixonada aversão. Senhor, fale como um homem deste mundo! Aríetes são dirigidos por alguém e não dirigem a si mesmos, e apenas aquele que o dirige pode possuir uma apaixonada aversão, embora raras vezes alguém tenha tal aversão contra um muro, como o senhor nos relata.

– (P. 266): *"pelo qual tais expressões têm formado também em todos os tempos a praça de recreação predileta das vulgaridades democráticas"*. Isso está pensado de modo obscuro! Expressões não podem formar nenhuma praça

---

90. Na sua citação, Strauss havia substituído *temer* (*fürchten*), como se encontra no texto de Schiller, por *espantar-se* (*scheuen*).

*DAVID STRAUSS, O CONFESSOR E O ESCRITOR*

de recreação [*Tummelplatz*]! Porém, apenas mover-se [*sich tummeln*] em tal lugar[91]. Strauss gostaria, talvez, de dizer: "pelo qual tais pontos de vista têm formado também em todos os tempos a praça de recreação predileta das expressões e das vulgaridades democráticas".

– (P. 320): "*O interior do coração de um poeta, um coração provido de cordas extremamente sensíveis, para o qual permanece como uma necessidade permanente o regresso ao suave fogo de um amor nobre, em meio à sua progressiva atividade sobre os campos da poesia e da pesquisa sobre a natureza, da vida em sociedade e dos negócios do estado.*" Esforço-me para imaginar um coração que seja feito de cordas como uma harpa, e que possui, ademais, uma "progressiva atividade", ou seja, um coração galopante que avança como um cavalo e que, finalmente, retorna para o fogo tranquilo. Não tenho o direito, caso eu considere original, esse coração-harpa galopante e que regressa ao fogo tranquilo, esse coração--harpa entregue também à política, de tomá-lo por muito pouco original, muito desgastado, e mais, quase sem a permissão até mesmo para "o sensível coração de poeta"? Em tais neologismos espirituosos da vulgaridade ou do absurdo pode-se reconhecer o "escritor clássico em prosa".

– (P. 74): "*Se nós quiséssemos abrir os olhos e confessar honestamente o que é descoberto com essa abertura dos olhos.*" Nessa pomposa e solene locução que nada diz,

---

91. O termo "*Tummelplatz*", que traduzimos por "praça de jogos", possui o mesmo radical que "*sich tummeln*", que traduzimos por "mover-se". Neste caso, a língua alemã permite a Nietzsche um interessante jogo de palavras.

118 FRIEDRICH NIETZSCHE

nada se impõe *mais* do que a junção de "descoberto" com a palavra "honestamente": quem encontra alguma coisa e não a entrega, não confessa a descoberta, é desonesto. Strauss faz o contrário e toma por necessário elogiá-lo e confessá-lo em público. Porém, quem o tem repreendido?, perguntou um espartano[92].

– (P. 43): *"Apenas em um artigo de fé ele [Schleiermacher] atou os fios com maior vigor, o qual é também, em todo caso, o centro da dogmática cristã."* Permanece obscuro o que de fato Schleiermacher teria feito: quando, com efeito, alguém prende fios? Esses fios seriam talvez rédeas e quem as atava energicamente seria um cocheiro? Somente com essa correção eu entendo a alegoria.

– (P. 226): *"Nos casacos de pele encontra-se uma ideia mais correta."* Indubitavelmente! Mais adiante, nessa mesma página, *"o homem primitivo, derivado do símio primitivo, não foi tão longe"* a ponto de saber que chegaria alguma vez até a teoria strausseana. Porém, agora nós sabemos que (p. 176) *"para lá irão e terão que ir, para onde as bandeirinhas oscilam alegres ao vento. Sim, alegres e, com efeito, alegres no sentido da mais pura, da mais sublime alegria de espírito"*. Strauss está tão ingenuamente contente com sua teoria que até as "bandeirinhas"

---

92. Referência a um orador da Ática que teria chegado a Esparta e anunciado que faria um discurso em elogio a Hércules, ao que teve por resposta de um espartano: "Quem o tem repreendido?" A malícia da citação de Nietzsche, porém, vai além da simples pergunta. Ele remete à obra de Strauss sobre Voltaire que se inicia com as palavras: "A quem ocorresse de pronunciar um discurso em elogio a Voltaire, ao menos não seria colocado em dificuldades com a pergunta lacônica: quem o tem repreendido? Pois Voltaire tem sido repreendido..."

*DAVID STRAUSS, O CONFESSOR E O ESCRITOR*

se tornam alegres e, de forma até muito estranha, alegres "no sentido da mais pura, da mais sublime alegria de espírito". E, então, as coisas se tornam cada vez mais alegres! De repente vemos (p. 361) *"três mestres, cada um deles colocado subsequentemente sobre os ombros do anterior"*, um autêntico número de malabarismo com o qual nos obsequiam Haydn, Mozart e Beethoven; nós vemos Beethoven como um cavalo (p. 356) *"a ultrapassar os limites"*; é apresentada a nós uma *"estrada que acabou de ser ferrada"* (enquanto nós, até agora, só sabíamos de cavalos recém-ferrados), do mesmo modo (p. 287), *"um opulento leito de esterco para o latrocínio"*; apesar desses milagres tão evidentes, o "milagre deve ser decretado como estando em declínio" (p. 176). Repentinamente aparecem os cometas (p. 164); porém, Strauss nos tranquiliza: *"acerca do leviano povo miúdo dos cometas, não se pode falar de habitantes"*: verdadeiras palavras de consolo, pois, acerca de um povo miúdo leviano e também a respeito de habitantes, não se deveria abjurar nada.

Entrementes, tem-se um novo espetáculo: Strauss mesmo *"trepa por sobre"* um *"sentimento nacional pela humanidade"* (p. 258), enquanto outro *"vai sendo rebaixado em uma democracia cada vez mais grosseira"* (p. 264). Vai sendo rebaixado! E não esvaecendo-se! Impõe nosso mestre do idioma, o qual diz erroneamente, com toda firmeza (p. 269), *"de dentro da estrutura orgânica toma parte uma sólida nobreza"*. Em uma esfera elevada, tão alta que é inatingível para nós, movem-se fenômenos inquietantes, por exemplo, *"o abandono da extração espiritualista do homem a partir da natureza"* (p. 201), ou

(p. 210) *"a refutação da fragilidade"* [*Sprödethun*]; um espetáculo perigoso tem-se à página 241, onde *"a luta pela existência no reino animal é deixada solta até a saciedade"*.

– (P. 359): *"salta"*, de forma maravilhosa, inclusive, *"uma voz humana em socorro da música instrumental"*, porém uma porta é aberta, através da qual o milagre (p. 177) *"é expulso para nunca mais voltar"*.

– (P. 123): *"a aparência visual, como ela era, vê-se arruinada na morte do homem como um todo"*; nunca, até o domador de idiomas Strauss, se "viu" uma "aparência visual": agora nós a vivenciamos na ótica do idioma de Strauss e queremos enaltecê-lo por isso. Também dele aprendemos, primeiramente, o que significa: *"nosso sentimento pelo todo reage religiosamente, quando é lesado"*, e nos recordamos do procedimento pertinente. Sabemos também quanto encanto existe (p. 280) *"em conseguir divisar aquelas figuras sublimes, ao menos até os joelhos"*, e nos congratulamos por isso com o "escritor clássico em prosa", pois, embora haja aquela limitação da perspectiva, em todo caso, foi ele quem divisou tais coisas.

Honestamente falando: o que nós vimos foram pernas de barro, e o que nos aparecia com a cor sadia da carne era apenas um revestimento branco de cal que fora repintado. Certamente a cultura filisteia alemã fica indignada, quando se fala de imagens de ídolos repintados, onde ela vê um deus vivente. Quem, no entanto, ousa derrubar suas imagens, dificilmente temerá dizer a ela, na cara, apesar de toda indignação, que ela mesma desaprendera a distinguir entre vivo e morto, autêntico e inautêntico, original e cópia, deus e ídolos, e que com ela se perdera o instinto saudável e viril do real e do justo. Essa cultura merece perecer: e agora mesmo já estão indo abaixo os sinais de seu domínio, nesse momento cai sua púrpura; e se a púrpura cai também o duque deve cair. –

Com isso eu fiz a minha confissão. É a confissão de um só; e o que pretende, pois, um só contra todo mundo, mesmo que se ouça sua voz em toda parte! Seu juízo seria apenas, para dizê-lo adornando-nos pela última vez com uma autêntica e valiosa frase da pena strausseana, *"uma verdade tanto subjetiva quanto sem nenhuma força probatória objetiva"* – não é verdade, meus bons amigos? Segui, portanto, em todo caso, com vosso ânimo confiante! Durante algum tempo, ao menos, será preciso contentar-se com vosso *"tanto faz com muito – quanto sem nada"*. Durante algum tempo! A saber, tão longo quanto ainda se tome por extemporâneo aquilo que está sempre em tempo oportuno, e que agora, mais do que em qualquer outro tempo, se faz necessário dizer a verdade.

**GRÁFICA PAYM**
Tel. [11] 4392-3344
paym@graficapaym.com.br